揭秘契丹辽王朝（一）

契丹建国

刘喜民
刘浩然 著

内蒙古人民出版社

图书在版编目 (CIP) 数据

　揭秘契丹辽王朝.一，契丹建国/刘喜民，刘浩然著.—呼和浩特：内蒙古人民出版社，2016.4

　ISBN 978-7-204-13949-1

　Ⅰ.①中… Ⅱ.①刘…②刘… Ⅲ.①中国历史—辽代—通俗读物 Ⅳ.① K246.109

中国版本图书馆 CIP 数据核字（2016）第 077358 号

揭秘契丹辽王朝（一）　契丹建国

作　　者	刘喜民　刘浩然	
责任编辑	马燕茹　王　静　李向东	
封面设计	刘那日苏	
责任校对	李好静	
责任印制	王丽燕	
出版发行	内蒙古人民出版社	
地　　址	呼和浩特市新城区中山东路 8 号波士名人国际 B 座	
网　　址	http：//www.impph.com	
印　　刷	内蒙古爱信达教育印务有限责任公司	
开　　本	710mm×1000mm　1/16	
印　　张	17	
字　　数	180 千	
版　　次	2017 年 1 月第 1 版	
印　　次	2017 年 1 月第 1 次印刷	
印　　数	1—4000 册	
书　　号	ISBN 978-7-204-13949-1/I·2783	
定　　价	58.00 元	

如发现印装质量问题，请与我社联系，联系电话：（0471）3946120　3946169

序

　　契丹族是中国北方一个古老民族。北魏初年契丹族称始见于史籍（388年）；隋唐之际契丹族崛起于西辽河流域，形成八部联盟；唐末五代时期契丹族以西辽河流域为中心，以赤峰市巴林左旗为首都（辽上京）建立契丹辽王朝（916年）；北宋时期契丹辽王朝称雄东北亚，与中原的北宋形成中国历史上又一南北朝；公元1125年，契丹辽王朝被女真人灭亡；明朝初年契丹人销声匿迹。

　　契丹族从出现在世人视野到消亡，在人类历史舞台上活跃1000余年。期间契丹族建立的契丹辽王朝统治中国北疆200余年，创造了举世瞩目的契丹辽文化，对中华民族、中华国家、中华文化乃至世界文明都做出了历史性贡献。但是，契丹辽王朝灭亡后，契丹族逐渐消亡，契丹文字也随之成为"死文字"，契丹族、契丹辽王朝历史也被历史的长河所湮没。

　　本来元朝编纂《辽史》116卷，为二十四史之一，较详细地记述了契丹辽王朝历史，人们通过阅读《辽史》便可了解契丹族、契丹辽王朝历史。但是，由于《辽史》的主人公消亡了，《辽史》自然也就被束之于高阁，即便是有些许流入书市，也多是史学家及研究者案头上的工具书。时至今日，由于世上少有关于契丹辽史方面的通俗读物，人们对契丹人的认知，多是来自杨家将等文学、文艺作品或民间故事。在这些文学、文艺作品及民间故事里，契丹族及其政权又往往被视为"异族"或"外国"，不仅误导了人们对契丹民族的认知，而且给契丹族、契丹辽王朝蒙上了一层"神秘"的面纱。

　　近些年来，随着考古发现及历史文化旅游产业的兴起，契丹辽史话题有了一些热度。个别图书市场有了点契丹辽史读物、有的地区召开契丹辽史研讨会议、一些地区还打起了契丹辽文化旅游品牌等等。这是好事，说明消亡数百年的契丹族又引起了人们的关注和兴趣，契丹族、契丹辽王朝历史亦将揭开"神秘"面纱。但是，不可否认，图书市场以契丹辽史研究专著为多，对于普通读者来说味同嚼蜡，契丹辽史研究会议也以专题、个别领域研究为主题，契丹辽文化旅游多停留在宣传上，并无实质性的内容，这些都难以满足普通读者对契丹辽史知识的阅读需求。《揭秘契丹辽王朝》丛书试图在通俗读物方面作一些尝试，以满足广大普通读者的阅读需要。

《揭秘契丹辽王朝》丛书以《辽史》《契丹国志》《资治通鉴》《续资治通鉴》为底本，参阅大量的古今契丹辽史研究资料及考古发现，以今人视角、通俗易懂的故事性语言，揭秘了契丹族源，契丹八部联盟，契丹辽王朝建立、发展、兴盛、衰落、灭亡、契丹人消失等历史，将契丹族和契丹辽王朝历史全方位、多层面地呈现在读者面前。使广大普通读者一书在手，就能够阅读完整的契丹族、契丹辽王朝历史。

《揭秘契丹辽王朝》丛书选配契丹辽代遗迹、出土文物、壁画等精美图片，融真实性、知识性、趣味性、完整性、直观性、观赏性于一体，图文并茂，通俗易懂，老少咸宜。使广大读者如欣赏文学作品一般欣赏契丹人、契丹辽王朝历史，品味独具特色的契丹辽文化。

《揭秘契丹辽王朝》丛书是作者30余年来阅读《辽史》及有关契丹辽史研究资料的心得，由于契丹人留给世人的资料非常匮乏，加之作者知识面及阅读范围所限，书中难免有错谬之处，敬请读者指教为盼。

作　者
2016年5月24日于辽上京遗址

前　言

　　契丹建国之前，中国北方大漠草原上曾建立过许多少数民族政权，如匈奴、乌桓、鲜卑、柔然、突厥、回鹘、黠戛斯等，与这些少数民族政权相比，契丹族所建立的政权有其鲜明的特点。

　　契丹族是中国土地上土生土长的民族，以独立族称登上历史舞台后，便与中原政权保持着密切的联系。契丹部落首领接受中原政权册封，一些契丹贵族进入中原政权为官，契丹民族也与中原民族进行经贸往来，契丹腹地建有生活着大量汉人的州县，契丹社会使用汉语言文字等。这些因素决定了契丹国家的建立必然要受到汉文化的影响，契丹贵族顺应时势，仿效中原封建帝制建立了政权。

　　契丹族经历了大贺氏、遥辇氏 300 余年的部落联盟时期，部落首领世选及酋长议事制度在契丹社会根深蒂固，皇权世袭与世选、皇帝集权与酋长议事不可避免地会有一番博弈。

　　契丹建国时尚未统一大漠草原，而中原藩镇割据为契丹南下获利提供了契机。是先统一大漠草原，还是先逐鹿中原？

契丹社会生活着游牧和农耕两大民族，氏族制、奴隶制、封建制等多种社会形态共存，如何将这些生产方式、生活习俗、社会制度不同的众多民族，统治在一个政权之下？

契丹国家的建立者辽太祖耶律阿保机家支，在契丹迭剌部诸显贵家支中处于弱势，他能够担任契丹可汗进而开国称帝，主要是依靠妻子述律平家族，以及汉族知识分子的力量，由此契丹建国伊始，契丹政坛便形成皇族、后族、汉族三大政治集团，如何处理三大政治集团的关系？

《契丹建国》将带领读者穿越千年时空，追寻契丹建国轨迹，欣赏契丹人的聪明睿智。

Catalogue

目 录

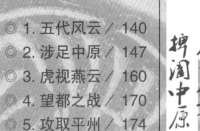

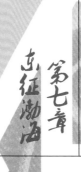

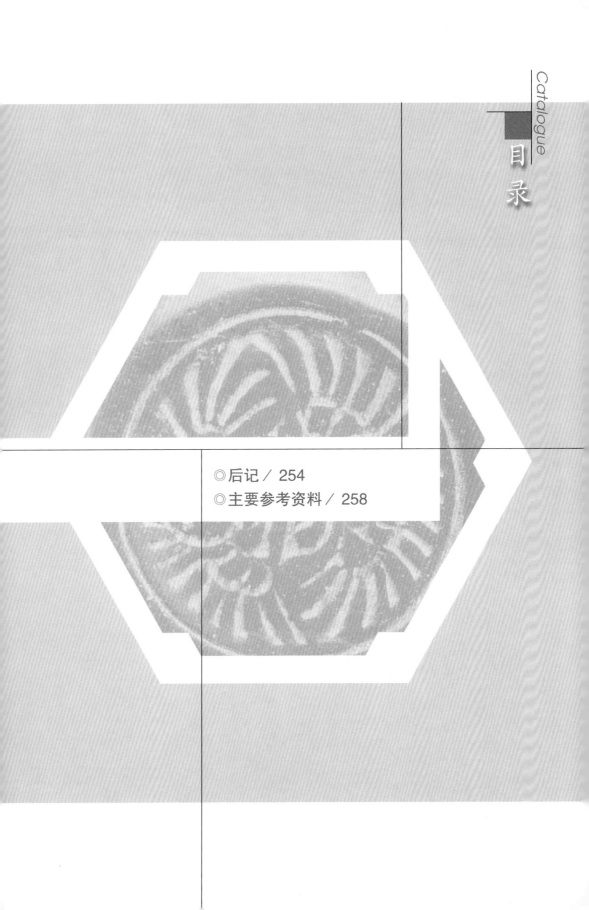

az DAN zu YuAN

第一章

契丹族源

盖炎帝之裔曰葛乌菟者，世雄朔陲，后为冒顿可汗所袭，保鲜卑山以居，号鲜卑氏。既而慕容燕破之，析其部曰宇文，曰库莫奚，曰契丹。契丹之名，昉见于此。

《辽史》

1. 契丹族源传说

关于契丹族源，史籍记载着这样两个传说：一是阴山七骑与赤娘子传说；一是白马青牛传说。

阴山七骑与赤娘子传说见于《燕北录》（北宋人王易著），大致内容是：居住于阴山的七兄弟得潢河中下游一妇人为妻，繁衍了契丹族。

白马青牛传说见于《辽史》《契丹国志》，大致内容是：有一神人骑白马从土河源头马盂山而下，有一天女驾青牛车自潢河源头平地松林而下，至木叶山二水合流，神人和天女相遇结为夫妻，生八子分地以居，繁衍为契丹八部。

传说中的土河即今赤峰市境内老哈河，马盂山即今赤峰市宁城县与河北省平泉县交界处的老秃山，潢河亦称潢水即今赤峰市境内西拉木伦河，平地松林即今赤峰市克什克腾旗境内的潢水源，

木叶山即今赤峰市翁牛特旗境内海金山（关于辽代木叶山地望目前史学界尚有争议），阴山没有确指，一般认为是代指契丹境内大山，从传说的内容来看，应当是马盂山或木叶山。

这两个传说内容虽然不尽相同，但却反映了契丹族源的一些基本信息。

阴山七骑与赤娘子传说，有可能反映了契丹族曾经历过群婚，即原始的母系氏族阶段。契丹人对这个传说很重视。契丹建国后，契丹人将传说中的"潢河妇人"木雕成人形，身披红衣，称为"赤娘子"，视为民族"女祖"，供奉于木叶山神庙中。辽帝即位举行柴册仪时，将"赤娘子"请到行在祭祀，仪式结束后送回木叶山供奉（也有研究者认为，此"赤娘子"就是驾青牛车的天女）。

白马青牛传说，反映了契丹族原始图腾和通婚情况。即契丹族是游牧于土河源头马盂山以白马为图腾的部落，与游牧于潢河源头平地松林以青牛为图腾的部落相互通婚繁衍而来。这个传说对契丹族历史影响深远。契丹建国后，契丹人将这一传说写入自己民族历史，白马为图腾的部落（父系）著姓为"耶律氏"，青

牛为图腾的部落（母系）著姓为"萧氏"，整个契丹族只有"耶律"与"萧"两姓，相互通婚，同姓不能通婚，辽帝进行重大祭祀活动时要以白马青牛为牺牲品。

从两个传说的内容来看，阴山七骑与赤娘子传说反映了契丹族最原始的族源信息，白马青牛传说应晚于阴山七骑与赤娘子传说，或是对后者的丰富和神化。

具体来说，这两个传说反映了契丹族源这样三个基本信息：一是契丹族是我国北方的一个古老民族，历史久远；二是今西拉木伦河与老哈河流域是契丹族源地和发祥地；三是契丹族是由游牧于老哈河流域以白马为图腾的部落，与游牧于西拉木伦河流域以青牛为图腾的部落相互通婚繁衍发展而来。

《辽史》关于契丹始兴之祖奇首可汗出生地的记载也印证了以上两传说的信息。

关于契丹始兴之祖，《辽史》有明确记载，"契丹之先，曰奇首可汗，生八子。其后族属渐盛，分为八部，居松漠之间。今永

州木叶山有契丹始祖庙，奇首可汗、可敦并八子像在焉。潢河之西，土河之北，奇首可汗故壤也"，"奇首生都菴山，徙潢河之滨"。

根据《辽史》记载，奇首可汗出生地都菴山在契丹霞赖县境内，辽太祖阿保机为契丹霞赖县人，其与四世祖先均出生于契丹迭剌部世居地西楼（即今赤峰市巴林左旗所在的辽上京故地）。由此可知都菴山在辽上京附近，亦即契丹始兴之祖奇首可汗出生在潢水北岸，后迁徙到潢水与土河交汇处的木叶山，并以此为根据地组建契丹八部，将契丹引上勃兴之路。由此契丹人把奇首可汗尊为始祖，视其生活的两河交汇处为龙兴之地，称为龙庭。

以上两个传说内容与契丹始祖奇首可汗出生和始兴地相呼应，印证了今赤峰境内的西拉木伦河与老哈河两河流域，是契丹民族的族源地和发祥地。

2. 东胡族系东部鲜卑后裔

关于契丹族源，历史文献有"匈奴说"（如《旧五代史》等）和"东胡说"（如《魏书》《新五代史》等）两种意见。《辽史》记载契丹族源于东胡，为东部鲜卑后裔。

中国自古便是一个民族众多、地域辽阔的国度，中华人文初始，中国历史便有"华夷"之分，华、夷都奉人文始祖炎、黄二帝为祖先。"夷"主要是指生活在以黄河流域为中心的华夏族（即汉族的祖先）周边的诸少数民族，根据地理方位分别称为东夷、西戎、南蛮、北狄。北狄即狄族，因生活在华夏族的北方而称为北狄。

春秋战国时期，北狄逐渐演化为诸多民族，其中势力比较强大的是胡和东胡两大民族。胡，即匈奴，以今阴山山脉为中心与中原政权接壤；东胡是生活在胡（匈奴）东面、包含有诸多民族的族系，以潢河和土河两河流域为中心，隔燕山山脉与中原政权为邻。时契丹先民为东胡族系成员之一，游牧于潢河与土河流域。或因部族微小，或以其他族称，或没有形成独立部族而寄生于其他民族联合体之中，不为外界所知。

秦末汉初，东胡部落联盟被匈奴冒顿单于击溃，其中一部退保大兴安岭山脉南段的乌桓山（今巴林左旗境北乌兰达坝山脉，古代时称乌桓山、乌丸山）一带，逐渐形成乌桓（丸）民族，还有一部退保大兴安岭山脉中段的鲜卑山（今内蒙古通辽市科尔沁左翼中旗境内），与原居住于大兴安岭山脉北段大鲜卑山（今内蒙古呼伦贝尔市鄂伦春自治旗阿里河镇嘎仙洞附近）的民族（即建立北魏政权的拓跋鲜卑）统称为鲜卑民族。时契丹先民亦受到冲击，或退居大兴安岭为鲜卑民族中的一员，或留居原地役于匈奴。

汉武帝时期派大将霍去病北击匈奴获得决定性胜利，匈奴势力消退，乌桓人和鲜卑人获得迁徙之机。乌桓人迁到近塞，居住于鲜卑山中段的鲜卑人南迁到潢河与土河为中心的辽河流域，逐渐形成了东部鲜卑，契丹为东部鲜卑成员。

东汉和帝永元三年（91 年），东汉在鲜卑、丁零等配合下，大破北匈奴，北匈奴单于被迫西遁，鲜卑人由此来到匈奴故地。东部鲜卑人乘机充实和巩固了潢河与土河根据地，其他鲜卑人则填补了匈奴人撤走后的漠北地区。时"匈奴余种留者尚有十余万落，皆自号鲜卑"。鲜卑族吸收了匈奴的新鲜血液，由此走上发展快车道。公元 2 世纪中叶，鲜卑人檀石槐统一鲜卑诸部，建立了横亘大漠草原的鲜卑军事联盟，为了统治这一广袤地区，将辖区划分为东、中、西"三大板块"。

东部鲜卑主要由宇文氏、慕容氏、段氏三大部组成，各以首领姓氏为名。其中宇文部首领并非纯粹的鲜卑人，族源出于匈奴，

为南匈奴单于远属。始祖葛乌菟原居阴山东部，东汉末年葛乌菟之裔莫那率部众从阴山东迁到辽西地区，经过打拼统治了这里的鲜卑人，逐渐鲜卑化形成宇文鲜卑部。其首领世为檀石槐鲜卑联盟东部大人，时契丹为宇文鲜卑部成员。檀石槐死后（181年），鲜卑联盟发生内讧瓦解，宇文部仍然驻牧于潢河与土河流域，与慕容部和段部时有战争，争夺生存空间。

慕容部在与宇文部和段部的战争中首先发展壮大起来，于慕容皝为首领时先灭亡段部（333年），继而又击溃宇文部（344年）。

宇文部被击溃后，大体分化为三部。一部北逃入大漠（此部应是从阴山迁来的匈奴主支）；一部仍曰宇文氏，西迁入北魏，至宇文泰、宇文觉时期代西魏建立北周政权（557—581年），孕

育了后来的隋王朝；一部（此部应是包括契丹在内的原来便游牧于潢水与土河流域的诸部族）逃入松漠间（以今赤峰市为中心），与当地的民族融合形成了库莫奚、契丹等新的民族联合体。由于当时契丹部族势力弱小，因而寄篱于库莫奚部落联盟中不被外界所知。北魏太祖登国三年（388年），北魏政权（北部鲜卑人拓跋珪所建）对库莫奚部大举用兵，库莫奚部被击溃，契丹趁机从库莫奚部落联盟中脱离出来走上独立发展道路，开始以契丹族称独立登上历史舞台。

总而言之，契丹族是中国北方的一个古老民族，今西拉木伦河（辽代潢河、潢水）和老哈河（辽代土河）流域，是契丹人的族源地和发祥地。契丹民族为东胡族系、东部鲜卑后裔。契丹人登上历史舞台，以今西拉木伦河和老哈河流域为中心建立契丹辽王朝，统治中国北疆达200余年，创造了绚丽多彩的契丹辽文化和中国北疆之辉煌历史。

3．契丹族称

"契丹"，有的史籍亦称"吉答"、"乞塔"、"乞答"、"吸给"等，是不同时代不同史籍对契丹族称的不同汉语音译。关于契丹族称的含义，史学界尚无统一的解释，大体有"镔铁"、"刀剑"、"切断"、"奇首领地"、"寒冷"、"酋长名字"、"大中"、"水草丰美之地"、"奚东"、"类似奚人"、"集合名词"、"东方太阳神"等十几种解释。这些解释或从"契"、"丹"字义，或从契丹族所居地理位置，或从北方少数民族习俗等方面研析，应该说都有一定的道理。相比较而言，"镔铁"说比较确切。

"契丹"作为契丹族称的汉语音译，最早见著于《魏书》，时间是北魏登国三年（388 年），但契丹族称在此之前当早已有之。当时契丹人尚无文字，是中原人根据契丹人语言而将其民族族称汉译为"契丹"。契丹建国创制文字后，认可了"契丹"这一汉译族称，说明中原人将契丹人族称汉译为"契丹"是非常准确的，契丹人是满意和认可的。

古代北方少数民族的族称往往与部族名称和部族首领的名字有关系，而部族名称和部族首领的名字往往又与驻牧地的河流、山脉及动物等自然崇拜有联系。例如突厥人曾在金山（今阿尔泰山）为柔然锻奴，因金山形似战盔"兜鍪"，俗称"突厥"，因以名其部落。回鹘人原为突厥分支，后取"鹘隼"勇猛之意改称回鹘等，契丹族当然也不例外。契丹族称被中原汉译为"契丹"时，还是一个弱小的部族，寄生于库莫奚部落联盟或其他民族联合体中，部族名称显然不会是标榜自己民族如何"勇猛高大"或富于想象力等"超自然"的名词概念，而应与契丹部族首领名字有关，而部族首领的名字又与驻牧地的地理特征有关系。

潢河与土河是契丹人的发源地，这里盛产铁矿石。资料显示，契丹建国前就早已经掌握了冶铁技术，建国后冶铁产业更是有了长足发展，为国有骨干企业。在冷兵器时代，兵器的作用至关重要，兵器的制造自然又离不开铁矿资源。这些铁石矿自然是契丹人跻

身于强族的重要依托，契丹部族首领取"铁"为名，既突出驻牧地地理特点，又寓意顽强和坚硬，顺理成章，合情合理。

辽太祖阿保机建国时以"契丹"为国号（916年），辽太宗耶律德光获取燕云十六州后改国号为"辽"（938年）。据有关资料介绍，在东胡语言里，"辽"有"镔铁"、"锻铁"之意。女真人首领阿骨打建国时曾说"辽以镔铁为号，取其坚也"。因此我们认为，契丹族称以"镔铁"之说比较确切，寓意契丹民族如镔铁般坚韧顽强，具有强大的生命力。

QI DAN BA BU

契丹之先，曰奇首可汗，生八子。其后族属渐盛，分为八部，居松漠之间。今永州木叶山有契丹始祖庙，奇首可汗、可敦并八子像在焉。潢河之西，土河之北，奇首可汗故壤也。

《辽史》

1. 古八部

契丹族从库莫奚部落联盟中分离出来走上独立发展道路时，还是一个弱小的部族，有可能就是以"白马"和"青牛"为图腾、相互通婚的两个氏族。经过多年的打拼，逐渐发展壮大起来，与北魏及中原政权建立了联系。

北燕太平六年（414年），契丹与库莫奚降北燕，北燕主冯跋封两族首领为归善王，这是史书关于契丹与中原汉族政权交往最早的记载。北魏太延三年（437年），契丹遣使向北魏朝贡，这是史书关于契丹与北魏政权交往的最早记录。北魏太平真君年间（440—451年），契丹向北魏岁贡名马，与北魏经贸关系密切。

契丹与中原政权交往及建立经贸关系，极大地促进了契丹社会的发展和进步。为了对抗其他部族的侵袭以及拓展生存空间，契丹诸部族有了联合起来、一致对外的要求。大约在北魏献文帝拓跋弘时（466—470 年），契丹形成八部，史称古八部。八部分别是：悉万丹部、何大何部（亦称阿大何部）、具伏弗部、郁羽陵部、日连部、匹黎尔部、叱六于部、羽真侯部。其中的悉万丹部，有可能是契丹人的主体部落，契丹族称有可能来源于此部落名称。

　　契丹古八部联盟的第一任联盟长，有可能就是被契丹人奉为始祖的奇首可汗，而八部酋长却不一定都是奇首可汗的亲生儿子。有的可能原为东部鲜卑的成员，抑或是与契丹同为宇文部成员，在宇文部被击溃后，同契丹、库莫奚等部族散居于松漠间（也有学者认为，契丹古八部是从最初的八个父系氏族繁衍而来的，八个部落之间有着互为兄弟的血缘关系），为了生存，更主要地是为了对抗外族的侵袭，契丹与其他八个部落组成八部联盟。在八部中，以契丹诸部落势力最为强盛，成为联盟的核心，因此联盟冠名为"契丹八部联盟"。在契丹诸部落中，又以以"白马"为图腾的部落势力最为强盛，因此这个部落酋长，被推举为契丹八部联盟第一任联盟长，被契丹人奉为始祖，称奇首可汗。契丹八部联盟

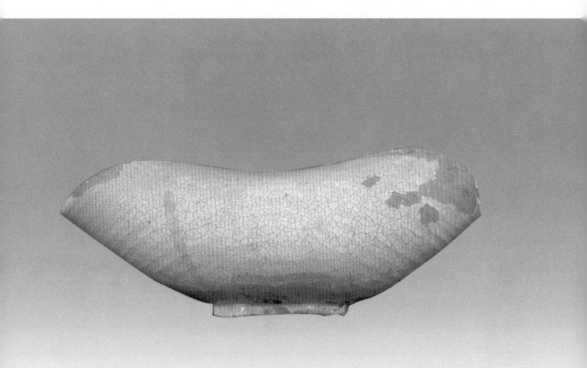

长原来并不称可汗（各部酋长称莫贺弗、辱纥主，部落联盟长称谓不详），契丹大贺氏联盟后期才称可汗，因此奇首可汗的称谓应是后来追谥。

契丹古八部联盟实行的是原始的民主政治制度，即"酋长议事制度"。联盟长实行任期制，每届任期为三年，届满后要召开选举大会，推选新一任联盟首领。八部酋长有推选和担任联盟长的权利，或依次相代，或选贤能者任之。如果遇到重大变故，诸如自然灾害与

外敌战争失败等，即使联盟长任期不到三年，也有可能被替代，而被替代者也没有什么怨言，认为理应如此。联盟长要定期组织召开八部酋长会议（后来扩大到诸部显贵，也称契丹贵族大会），研究决定诸如对外征伐、抗击外敌、抗震救灾、领地划分、人事任免等联盟重大事项。平时诸部在各自首领（即酋长，时称莫贺弗，有的史书亦称莫弗贺）的领导下，过着逐水草而畜牧的日常生活。

关于契丹古八部联盟存世时间及经济社会形态，史籍没有明确记载，不过从各种史籍的记载来看，契丹古八部大约存世一个半世纪左右。期间契丹八部与北魏政权有联系，定时或不定时向北魏政权朝贡和贸易，经常受到其他部族的攻掠，时而聚合，时而分散。

契丹古八部联盟时期或更早时期的经济社会形态，我们可以从《契丹国志》有关记载中略窥一二。该书记载契丹族历史上曾有三主。

第一主叫迺呵，平时以髑髅形状居于穹庐中，族人不得相见，部族有大事，族人杀白马青牛祭祀，遂变成人形出来料事，处理完事情后复入穹庐变为髑髅。后因族人偷看，不知所去。

第二主叫喎呵，戴野猪头，披猪皮，居穹庐中，有事则出，事毕复居穹庐中，后因其妻偷了猪皮，不知所去。

第三主叫昼里昏呵，养二十只羊，日食十九只，留下一只，第二天复有二十只，每天如此。

这三主传说荒唐怪诞，史学界对此尚无令人信服的解释。如同三皇五帝传说一样，这三主传说有可能反映了契丹族从荒蛮到文明的发展历程。

第一主传说反映的是契丹人原始的或古八部联盟以前的经济社会形态，时契丹人认识和征服自然界的能力低下，遇到自然灾害时便祈求神灵的保护。

第二主传说反映的是契丹人进入文明时代的经济社会形态，时契丹人对自然界有了初步的认识，有了一定的征服自然力的能力，射猎是他们的主要生活来源。

第三主传说反映的是契丹人进入阶级社会的经济社会形态，时契丹人日常生活品有所剩余，产生了私有制，有了家养畜牧业。

这三主中的第二主和第三主传说，有可能反映的就是古八部联盟时期契丹部族的经济社会形态。

契丹古八部联盟是一个松散的、具有临时军事联盟性质的组织，联盟长对诸部没有太大的约束力，诸部具有相当大的独立性，还不能有效地防御和组织有力的征伐，遇到强敌袭击，便各自归附或逃避，突厥崛起后，契丹古八部联盟受到突厥攻击而解体。

关于契丹古八部与中原政权的关系及八部联盟首领名字《辽史》记载不详，据有关史籍资料记载，大略可梳理如下几人：

奇首可汗，生卒年不详，契丹始祖。出生于都菴山（都菴山地点不详，根据《辽史》记载，当在潢河（即今西拉木伦河）北岸巴林左旗辽上京城左近一带），后带领部族迁徙到潢河之滨，与这里的一支氏族联合并相互通婚。奇首生八子，子孙繁衍，各自为部，逐渐发展成为契丹八部。故此，奇首被契丹人尊为契丹始祖，称奇首可汗，其八子为契丹古八部始祖，奇首可汗所居之地即今西拉木伦河与老哈河交汇处被契丹人称为龙庭。后来契丹八部强盛后，在奇首可汗居地即契丹人祭天地之所木叶山建立始祖庙，塑奇首可汗及妻和八子像于其中，四时祭祀。契丹建国后，凡春秋及行军或有重大活动时，辽帝皆致祭或遥祭木叶山，一直到辽王朝灭亡。由于奇首可汗是传说中的人物，因此关于历史上是否实有其人，一直是史学界探讨和研究的一个话题。从辽太宗曾命人编写《始祖奇首可汗事迹》来看，奇首可汗实有其人，为契丹初兴时期的重要人物。

何辰，生卒年不详，契丹古八部初期部落首领。曾于北魏献文帝拓跋弘时期（466—471年）入北魏朝贡，获得北魏的赏赐。由于当时契丹部落尚弱，故在向北魏朝贡的诸属国部落中班位居于最后。何辰有可能出自契丹古八部中的何大何部，此人是《辽史》亦是《魏书·契丹传》所载契丹部落首领入中原北魏政权朝觐的第一人，是一位在契丹民族发展史上做出过突出贡献的人物。他不仅带头朝觐北魏并建立隶属关系，而且回到部落后，积极宣传北魏社会的繁荣和文明，从而带动契丹及其他部族纷纷入北魏朝觐，自此"东北群狄闻之，莫不思服"，北魏政权遂在密云（今北京市密云县）、和龙（今辽宁省朝阳市）设立互市，与契丹等

北方诸部族开展经济贸易。这种政治、经济间的往来，不仅促进了南北各民族间的交流，而且把契丹社会推上了发展快车道。

勿于，生卒年不详，契丹古八部时期部落首领。北魏太和三年（479年），高句丽与柔然联合，欲攻击松漠诸部以瓜分之。时为契丹部落首领的勿于，害怕受到侵袭，遂"率（契丹）车三千乘、众万口内附"北魏，北魏政权将契丹诸部安置于白狼水（今大凌河）东。自此至北魏政权灭亡，契丹与北魏始终保持着密切联系，年年朝贡不绝。北魏则对契丹加以抚纳，契丹遇到饥荒，北魏政权许其入关贸易，买粮以归，救其灾情。

出伏，生卒年不详，隋代契丹别部首领。北齐（550—577年）时，契丹受到北齐政权及突厥打击，古八部解体，大致分为三部：

一部（约10余万人）被北齐掠居营州（今辽宁朝阳市）、平州（今河北省卢龙县），一部役于突厥，一部（约1万余人）寄居高句丽。隋朝开皇年间（581—600年），突厥势弱，契丹诸部逐渐摆脱突厥奴役，开始内附隋朝，出伏时为寄居高句丽的契丹人的首领，带领部众背离高句丽内附隋朝，隋朝将契丹人仍安置于故地。由此，三部契丹人重新回到故地生活在一起，为形成新的部落联盟创造了条件。

2. 大贺氏八部

隋文帝杨坚代北周建立隋帝国后（581年），对突厥采取打击和分化策略，使突厥分裂为东西两部，势力衰退，契丹人由此得到休养生息的机会。逃到外地避难的契丹人又相继迁回到潢河与土河流域，与留居原地的契丹人重新建立了联系，为组成新的部落联盟奠定了基础。

隋末唐初之际，契丹组成了第二个部落联盟——大贺氏部落联盟，仍由八部组成（史称大贺氏前八部），分别是达稽、纥便（大贺氏家族所在部落）、独活、芬问、突便、芮奚、坠斤和伏部（有可能是以出伏部为核心组成的部落）。从名称来看，大贺氏八部与契丹古八部名称虽然无一相同，但却与古八部有着密切的渊源关系，是古八部在聚散、迁徙、重组过程中发展而来的，这是一个漫长而艰难的过程，其中的曲折和艰辛只有契丹人自己知道。

大贺氏部落联盟仍然是一个松散的具有临时军事联盟性质的组织，即诸部具有相对较大的独立性，也仍然保留着一些原始的民主政治内容，诸如联盟长任期仍为三年，届时召开选汗大会选贤能者任之，联盟重大事项由诸部酋长会议研究决定等。但是，

由于大贺氏所在的纥便部势力要远远地强于其他七部，因此大贺氏家族垄断了联盟最高权力，即联盟长要由大贺氏家族人来担任，原始的推举制实际上变成了世选制，联盟长也由原来的莫贺弗改称大人。

唐贞观二年（628年），契丹大贺氏部落联盟长摩会率众背离突厥归附唐朝，三年（629年）摩会入唐觐见唐太宗李世民，李世民赐予其旗鼓。旗鼓是北方游牧民族首领权力的象征，唐太宗赐摩会旗鼓是对其契丹首领地位的承认，从此契丹历任首领都以唐太宗所赐旗鼓为权力和地位的象征。贞观二十二年（648年），唐太宗赐契丹大贺氏部落联盟长窟哥唐室皇姓李氏，在契丹腹地置契丹松漠都督府，以李窟哥为都督，在契丹八部设置九州，即达稽部为峭落州，纥便部为弹汗州，独活部为无逢州，芬问部为羽陵州，突便部为日连州，芮奚部为徒河州，坠斤部为万丹州，伏部为匹黎、赤山二州（以上九州中有四州名与古八部名相同，即羽陵州与羽陵部、日连州与日连部、万丹州与悉万丹部、匹黎州与匹黎部名字相同。由此可知，契丹大贺氏八部与古八部有着密切的渊源关系，是古八部在长期地聚散、迁徙、重组过程中所形成的新的部落联盟组织），任各部酋长为州刺史，统由契丹松漠都督府管辖，隶属唐营州（今辽宁省朝阳市）。自此契丹与唐廷确立了正式的隶属关系，契丹大贺氏部落联盟长皆以得到唐廷册封为合法。

唐王朝在契丹设置府州意义重大，标志着唐王朝在契丹正式建立行政机构（虽然具有羁縻州府的性质），契丹已成为唐王朝属民。这是契丹民族历史上前所未有的、划时代的大事，极大地促进了契丹社会的进步。

除此以外，还有一些契丹部落独立于大贺氏部落联盟之外，唐廷同样在这些契丹部落游牧地设置州府，任命诸部酋长为刺史，施以羁縻之策。

契丹大贺氏部落联盟虽然在建立之初便与唐廷建立了隶属关系，接受唐廷册封和管理，但是在此后的发展过程中，却并非一帆风顺。由于受突厥政权盛衰和唐廷对游牧民族政策的影响，契丹诸部时而依附突厥，时而依附唐廷，在突厥与唐廷两强之间寻求发展。这种在夹缝中求生存的日子，显然是不会好过的。契丹诸部有时受到唐廷的讨伐，有时又受到突厥的攻击，过着时聚时

散的生活。

　　唐显庆五年（660年），契丹大贺氏联盟第四任联盟长阿卜固起兵反唐，结果兵败被杀。武则天万岁通天元年（696年），契丹大贺氏联盟长、契丹松漠都督府都督李尽忠（即李窟哥之孙）和契丹归城州刺史孙万荣因不满唐营州的错误政策，联合居住于营州（今辽宁省朝阳市）地区的奚人和靺鞨人起兵反唐，李尽忠自称无上可汗，以孙万荣为帅率兵攻打唐诸州，坚持一年多时间，李尽忠病死，孙万荣被杀，契丹营州起兵遂告失败。

　　契丹营州起兵对中国历史的影响是巨大的。武则天在执政后期有把皇位传给武氏的想法，因此选派武氏家族中有点能力的人率兵前去平定契丹营州兵乱，以借机获取战功，提高威望，不料武氏子孙都是一些成不了大事的主，不是兵败，就是逃走，这使武则天意识到武氏子孙成不了大器，由此打消了把皇位传给武氏

子孙的想法（当然武则天还位给李氏的因素很多，以上因素当是其中之一）。居住于营州地区的靺鞨人借营州兵乱之机，返回东北长白山，在牡丹江流域建立了渤海国，存世达 200 多年，后被辽太祖阿保机灭亡。

当然，契丹营州起兵对契丹民族自己的影响是最为深远的，成为契丹民族发展史上的一个分水岭。大贺氏联盟长原来称大人，自李尽忠称无上可汗后，契丹部落联盟首领开始改称可汗，从而使契丹部落联盟具有了汗国的性质。契丹营州兵败，还直接导致了大贺氏部落联盟解体。

契丹营州兵败后，残部逃回松漠，又推举李尽忠从父弟李失活为可汗，归附突厥，从此契丹进入内讧时期。

大贺氏八部在长期的战争中饱受创伤，本来就已经残缺不全，经过营州兵败，八部基本上解体。李失活被推举为联盟可汗后，对八部进行整顿和重组，形成了新的大贺氏八部（史称大贺氏后八部），分别是旦利皆部、乙室活部、实活部、纳尾部、频没部、内会鸡部、集解部、奚嗢部。

唐开元二年（714 年），李失活乘突厥默啜可汗衰弱，率众背离突厥归附唐朝。唐开元四年，唐玄宗李隆基重置契丹松漠都督府，以李失活为都督，封松漠郡王，封自己的外甥女杨氏为永乐公主，下嫁李失活为妻，同时任契丹八部首领为刺史，大贺氏联盟与唐廷重新确立了隶属关系。李失活病逝后（718 年），其弟大贺娑固袭汗位。时契丹松漠都督府有一衙官可突于，英勇善战，借机擅权。娑固欲除之，不料事泄。可突于先下手为强，以兵攻打娑固，娑固自知不敌，跑到唐营州求援。唐营州都督许钦澹联合奚王李大酺进攻可突于，结果被可突于打败，娑固及奚王李大酺均被斩杀，唐廷也被迫将营州都督府从柳城（今辽宁省朝阳市）迁到关内。

可突于打败唐营州兵马后，立娑固弟郁于为可汗，继续擅权，并遣使向唐廷请罪。唐玄宗为了笼络契丹，赦免了可突于之罪，下诏封郁于为松漠郡王，封自己从妹之女慕容氏为燕郡公主，下嫁郁于，并提升可突于为左羽林卫将军。郁于不久病逝（724年），可突于又立其弟咄于为可汗，继续擅权。咄于不愿被可突于专权，但又斗不过他，于是携燕郡公主投奔了唐廷。可突于又立李尽忠之弟李邵固为可汗（725年），李邵固入长安觐见唐玄宗，并参加了唐玄宗举行的封禅泰山大典，被册为松漠郡王、拜左羽林卫大将军、静析军经略大使。唐玄宗同时封外甥女陈氏为东华公主，下嫁李邵固，从此契丹与唐廷保持了几年友好关系。唐开元十八年（730年），可突于入唐廷纳贡，受到侮辱，回来后杀李邵固，率众背唐归附突厥，并排挤大贺氏，拥立遥辇氏屈列为可汗，大贺氏部落联盟遂解体。

契丹大贺氏部落联盟存世100余年，期间契丹族作为我国历史上一个独立的民族存在和发展着，同时他们又已成为唐王朝统治下的臣民。大贺氏部落联盟长及各部酋长，既是契丹人的最高首领和各部酋长，同时他们又分别为唐朝都督府与州的都督、刺史。

现将《辽史·世表》记载的大贺氏部落联盟10位可汗作一简略介绍。

咄罗，生卒不详，《辽史》记载契丹大贺氏部落联盟第一任可汗（时不称可汗，名称不详，本书为方便读者以可汗称之），唐武德六年（623年）向唐朝贡献名马、丰貂等特产。此举标志着契丹大贺氏部落联盟建立之初，便主动内附唐王朝。

摩会，生卒年不详，契丹大贺氏部落联盟第二任可汗，于唐贞观二年（628年）摆脱突厥控制，举部附唐。此举引起突厥不满，突厥颉利可汗派人到长安觐见唐太宗，请求用梁师都（原为隋朝鹰扬郎将，隋朝末年趁乱回家割据一方，自称梁国皇帝，为了对抗唐王朝，勾结突厥以为后盾，经常侵扰中原）作为交换品，把契丹换回去。唐太宗对此给以严厉驳斥："契丹与突厥异类，今来归附，何故索之？师都中国之人，盗我土地，暴我百姓。突厥受而庇之，我兴兵致讨，辄来救之，彼如鱼游釜中，何患不为我有！借使不得，亦终不以降附之民易之也。"随后，唐太宗发大军将梁师都剿灭。唐贞观三年（629年），摩会亲自入长安觐见唐太宗，唐太宗李世民赐其鼓纛，契丹族主体正式归附唐王朝，唐太宗所赐"鼓纛"也成为契丹国仗及历任部落联盟首领权力和地位的象征。

窟哥，生卒年不详，契丹大贺氏部落联盟第三任可汗，唐贞观十九年（645年），唐太宗东征高句丽回军途经营州（今辽宁省朝阳市），为了表彰契丹随军从征，接见了契丹"君长和老人等，赐物各有差"，授窟哥为左武卫将军。唐贞观二十二年（648年），窟哥率部归附唐朝，唐太宗李世民赐其姓李氏，封无级县男，在其部置契丹松漠都督府，在契丹八部置九州，以各部酋长为刺史，以李窟哥为首任松漠都督府都督，统辖契丹八部九州及先置玄州计十州，隶属唐营州，契丹与唐王朝正式确立了隶属关系，成为唐王朝属民。唐永徽五年（654年），窟哥率众击败高句丽对唐边州的骚扰。唐显庆三年（658年），窟哥率部众随唐将薛仁贵讨伐高句丽。在窟哥任大贺氏部落联盟长期间，契丹与唐王朝关系十分密切。双方互相依存，经济文化交流频繁，使契丹民族步入发展快车道。

阿卜固，生卒年不详，继窟哥为契丹大贺氏部落联盟第四任可汗、契丹松漠府都督。阿卜固继任契丹大贺氏部落联盟可汗后，与奚族一起叛唐，受到唐朝征剿。唐显庆五年（660年），契丹被唐军击败，阿卜固被擒押于唐东都洛阳。此后契丹或降或叛，常附于突厥。

李尽忠，生年不详，窟哥之孙，阿卜固被擒送至洛阳，唐廷封李尽忠为右武卫大将军、契丹松漠府都督，统辖契丹诸部，为大贺氏第五任可汗。武则天万岁通天元年（696年），李尽忠不满唐营州都督赵文翙的欺凌，联合居住于营州（今辽宁省朝阳市）地区的奚人和靺鞨人起兵反唐，攻陷营州，杀死赵文翙。李尽忠自称无上可汗（契丹部落联盟长自此称可汗），以妻兄孙万荣为大将，南攻幽、冀诸州。武则天把李尽忠的名字改为"李尽灭"，把孙万荣的名字改为"孙万斩"，派左鹰扬卫将军曹仁师、右金吾卫大将军张玄遇、左威卫大将军李多祚、司农少卿麻仁节等28个将军率军征剿契丹，同时以梁王武三思为榆关道安抚大使，安抚东北诸族。李尽忠、孙万荣在平州西硖石黄獐谷（今河北省卢龙县附近）设伏，一举全歼唐兵，俘唐将张玄遇、麻仁节，契丹兵势益盛，遂分兵攻打幽州和辽西地区。武则天闻讯恼羞成怒，派右武卫大将军、建安王武攸为清边大总管，将天下囚徒和家奴当中的骁勇者编入军中，再次发兵征剿契丹。就在这个时候，李尽忠病逝（696年10月），孙万荣继续率领契丹人马与唐兵作战。武则天在不断派兵遣将的同时，贿买突厥默啜可汗袭击契丹后方，诱使奚族临阵倒戈反击契丹，在唐兵、突厥、奚族三方势力打击下，契丹兵败，孙万荣被奴仆杀害（697年5月），残部逃回松漠，归附突厥。

李失活，生年不详，窟哥之孙、李尽忠从父弟。契丹营州兵败，残部逃入松漠后，推举李失活为首领，是为大贺氏第六任可汗。李失活担任可汗后，重组契丹八部，受制于突厥。唐开元二年（714年），突厥默啜可汗政衰，李失活与奚族（与契丹同受制于突厥）开始遣使向唐朝请求内附，唐玄宗赐予李失活及奚族首领丹书铁券以表彰其忠心，鼓励契丹、奚放心来归。唐开元四年（716年），突厥默啜可汗被杀，李失活率部与奚族一起内附唐王朝，唐玄宗下诏复置营州都督府（契丹营州起兵时间，唐廷被迫将营州都督府迁入关内），封李失活为松漠郡王、行左金吾卫大将军兼松漠都督，加授契丹八部酋长为刺史，仍受唐营州都督府管辖，至此契丹与

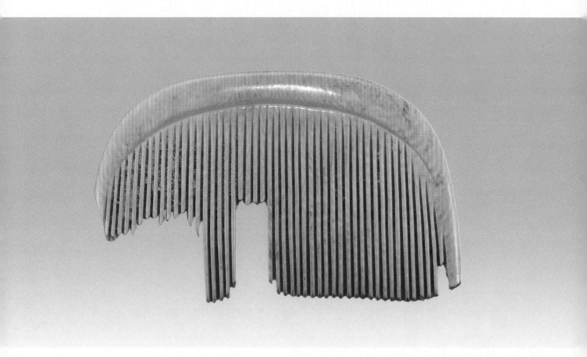

唐断绝往来20年后重新确立隶属关系。唐开元五年（717年），李失活亲自入长安朝觐唐玄宗并请婚，唐玄宗诏封外甥女杨氏为永乐公主，下嫁李失活。李失活是史载第一个迎娶唐朝公主的契丹首领，永乐公主是第一个嫁给契丹的唐朝公主。唐开元六年（718年），李失活病逝，唐朝赠特进，遣使吊祭。

李娑固，生年不详，李失活之弟，继李失活为契丹大贺氏部落联盟第七任可汗，继任后即遣使入唐请求册立，并请依契丹俗收纳永乐公主为妻。唐朝册封李娑固为松漠郡王、左金吾卫大将军兼松漠都督，并许其请收纳永乐公主为妻。唐开元八年（720年），突厥南侵，唐征调契丹、奚发兵合击突厥。时契丹松漠府衙官可突于专权，与李娑固不和，乘机袭击李娑固，李娑固逃奔唐营州（今辽宁省朝阳市）。唐营州都督许钦澹派唐安东都护薛泰率部联合李娑固及奚王部众进讨可突于，结果战败，李娑固、奚王被杀，薛泰被俘，唐被迫再次将营州都督府迁入关内。

李郁于，生年不详，李娑固从父弟，可突于杀死李娑固后，拥立李郁于为契丹大贺氏部落联盟第八任可汗，并上书唐廷请罪。唐廷为了笼络契丹，特赦可突于之罪，册封李郁于为松漠都督并袭李娑固官爵。唐开元十年（722年），李郁于入长安觐见唐玄宗并请婚，唐玄宗封从妹之女慕容氏为燕郡公主下嫁李郁于，册封李郁于为松漠郡王、左金吾卫大将军兼静析军经略大使，李郁于携燕郡公主回到契丹不及一年病逝（724年）。

李咄于，生卒年不详，又作李吐于，李郁于之弟，继兄（李郁于）被可突于拥立为契丹大贺氏部落联盟第九任可汗，上书唐廷请袭兄李郁于官爵及收纳燕郡公主慕容氏为妻，唐玄宗诏允其请。其时契丹松漠府大权被可突于所控制，李咄于不甘受可突于摆布，遂于翌年（725年）携燕郡公主慕容氏奔唐，不敢回契丹。唐玄宗

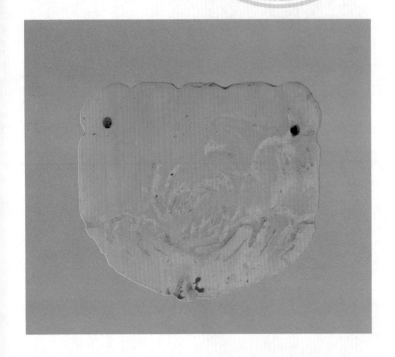

于是册封李咄于为辽阳郡王，充御前宿卫将军。

李邵固，生年不详，李咄于之弟，一说为李尽忠之弟。李咄于奔唐后，李邵固被可突于拥立为契丹大贺氏部落联盟第十任可汗，并亲自入唐觐见唐玄宗请求册封（725年）。时值唐玄宗至泰山行封禅大典，李邵固遂从行至泰山，参与了祭拜泰山典礼。唐玄宗诏拜李邵固为左羽林大将军、静析军经略大使，封广化郡王，又诏封皇从外甥女陈氏为东华公主，下嫁李邵固。次年，李邵固携东华公主陈氏回到契丹，与唐保持多年友好往来。唐开元十八年（730年），李邵固遣可突于入唐朝觐，因唐接待无礼，可突于受到侮辱，回到契丹后，遂杀李邵固，契丹大贺氏部落联盟随之解体。

3. 遥辇氏八部

可突于杀死李邵固后，拥立遥辇氏屈列为契丹可汗，遂叛唐依附突厥，不断入寇幽州地界，唐廷命幽州节度使张守珪出兵讨伐契丹。与此同时，可突于擅自杀立契丹可汗的行为，引起了大贺氏家族及契丹其他部落首领的不满，契丹乙室活部（即大贺氏前八部中的独活部）首领李过折，乘唐兵讨伐可突于之机，与唐廷联手将可突于和屈列斩杀（734年）。

唐廷封李过折为北平郡王、契丹松漠府都督（735年），统领契丹诸部。但不久，李过折便被可突于同党涅里所杀（735年），涅里掌握了契丹的实际领导权。

涅里斩杀李过折后，向唐廷上书说，李过折残虐，造成契丹局势动荡，人心不安，故杀之。唐廷为了安抚契丹，赦免了涅里之罪，封其为松漠都督，管辖契丹诸部。同时，唐玄宗在诏书中对涅里杀死李过折的行为也进行了批评和劝诫："卿之蕃法多无义于君长，自昔如此，朕亦知之。然过折是卿之王，有恶辄杀之，为此王者，不亦难乎！但恐卿为王，后人亦尔。常不自保，谁愿做王！亦应防虑后事，岂得取快目前！"

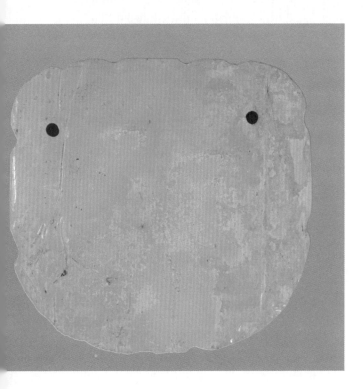

或许是唐玄宗的忠告起了作用，或许是涅里家族势力弱小，不足以统治契丹诸部。总之，涅里虽被唐廷册为松漠都督，但并没有自立为契丹王，而是拥立比自己部落势力强大的

遥辇氏部落首领迪辇俎里为可汗（737 年），组建了契丹遥辇氏部落联盟。

遥辇氏部落联盟建立后，对契丹部落（时只剩五部）进行了整顿和重组，形成遥辇氏八部。分别为迭剌部（以涅里家族为核心）、乙室部、品部、楮特部、乌隗部、突吕不部、涅剌部、突举部。

在整顿重组八部的同时，迪辇俎里在涅里帮助下，建立了遥辇氏部落联盟相关制度。成立大迭烈府为联盟最高权力机构，设可汗一人，迪辇俎里出任首任可汗，称阻午可汗；设夷离堇（军事首领）一人，涅里出任首任夷离堇，掌管八部兵马及法律；设置北南宰相，分掌八部；设置相应官衙，分掌联盟事务等。联盟可汗和夷离堇实

行世选制，即契丹可汗世由遥辇氏家族人担任，联盟夷离堇世由涅里家族人担任。联盟仍然保留着原始的民主选汗制度，即可汗每三年选举一次，由诸部酋长（亦称夷离堇）聚会选举等等（很显然，诸部酋长选汗只是一种形式而已）。为了避免可突于擅自杀立可汗事件的再度发生，创制了柴册仪，即新可汗即位要举行柴册礼，如同中原皇帝即位举行登基仪式一样，新可汗一旦举行了柴册礼，便成为契丹合法可汗，任何人不得擅自废立，否则就是谋逆。

很明显，契丹遥辇氏八部联盟，较契丹大贺氏八部联盟前进了一大步，已经初步具有了汗国性质，从而将契丹民族推上了发展快车道。

契丹遥辇氏统治者在建立制度整顿联盟事务的同时，也没有忘记与唐廷搞好关系。唐天宝四年（745年），回鹘灭亡突厥成为大漠草原新霸主，迪辇俎里趁机举族内附唐廷，唐廷赐其姓名为李怀秀，拜松漠都督，封崇顺王，并封宗室外甥女独孤氏为静乐公主，下嫁李怀秀，契丹与唐再次确立了隶属关系。但是，不久契丹因安禄山之故，又叛唐而去。

安禄山出生于唐营州（703年），是一个地道的混血儿（父为胡人，母为突厥人），其发迹史说起来还与契丹有直接关系。他在30岁之前还是一个靠嘴皮子混饭吃的流浪商人（据说安禄山会九种语言，因此在市场上当了一名翻译，相当于现在的经纪人），30岁那年因偷羊被抓，却阴差阳错地得到了时任唐幽州节度使张守珪的赏识，让其弃商从军当了一名捉生将。安禄山从此步入军旅，有了用武之地，时常便抓来一些契丹和奚人，因功提升为偏将，后又得到唐玄宗的赏识，收为干儿子，晋升为平卢将军。

唐开元二十四年（736年），即涅里斩杀李过折成为契丹实际领导者的第二年，安禄山趁契丹内乱尚未平息之机率军攻打契丹，

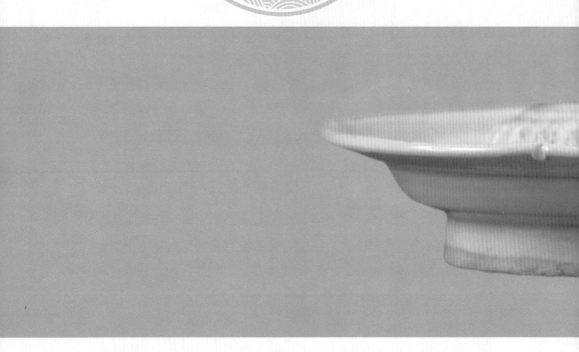

结果被涅里打败。就是在这次战争后，涅里为图自保，率众叛唐归附了突厥，并拥立遥辇氏迪辇俎里组建了契丹遥辇氏部落联盟（737年）。安禄山虽然兵败，却也没有受到处罚，反而官职还逐渐得到了提升。

唐天宝元年（742年），安禄山升为唐平卢节度使，专门负责镇抚契丹、奚、渤海、黑水（即后来的女真先部）四族事务。但是，安禄山却没有认真履行安边之责，而是时不时把契丹部落首领骗到营中，酒后杀死，以邀边功，并以"边功"升任范阳节度使。唐天宝四年（745年），契丹可汗迪辇俎里（李怀秀）率众归唐，与唐确立了隶属关系，可安禄山仍然故伎重演，不断诱杀契丹人，以邀边功，结果引起契丹人的不满，安禄山竟然借机发兵攻打契丹。迪辇俎里率兵迎战，在潢水（即赤峰境内西拉木伦河）以南大败唐兵，一怒之下杀死唐廷公主独孤氏，举族归附回鹘。

　　在契丹遥辇氏部落联盟归附回鹘政权之前，大漠草原上先后兴起过匈奴、鲜卑、柔然、突厥、回鹘等游牧政权。在这些游牧政权中，又以回鹘政权与中原政权的关系最为融洽，双方在经济文化方面的交流要远远地多于战争。因此，契丹归附回鹘政权后，也得到了近百年的休养生息机会，与唐廷的关系也颇为融洽，契丹族发展也进入快车道，为建立国家准备了条件。

　　契丹遥辇氏部落联盟前后共经历了9任可汗，分别是洼可汗、阻午可汗（即涅里所立迪辇俎里，唐廷赐名李怀秀）、胡剌可汗、苏可汗、鲜质可汗、昭古可汗、耶澜可汗、巴剌可汗、痕德堇可汗，史称遥辇9可汗。

　　唐开成五年（840年），回鹘汗国被新兴起的黠戛斯所破，时值遥辇氏耶澜可汗执政，耶澜可汗率部众乘机摆脱回鹘统治附唐（842年），被唐廷授予云麾将军，耶澜可汗请求唐廷赐印以代替

回鹘旧印，唐廷铸"奉国契丹之印"赐之，从此契丹与唐恢复了隶属关系。

由于黠戛斯灭亡回鹘汗国后，没有建立起自己的汗国，从而使大漠草原出现了暂时的真空，加之唐廷自"安史之乱"后也开始走下坡路，无暇顾及草原诸部族，因此草原诸部族得到了竞相发展的机会。契丹族当然也不例外，趁机拓展生存空间，发展壮大自己，到了遥辇氏第九任可汗即痕德堇可汗执政时，契丹北摄室韦诸部，西凌奚族，成为大漠草原上的强族。

契丹遥辇氏部落联盟存世170余年，历9任可汗，但其事迹不显于史籍，现据《辽史》《资治通鉴》及有关资料，将他们的情况作一简略梳理介绍。

洼可汗，契丹名屈列，生年不详，《辽史》有载。可突于杀死大贺氏部落联盟最后一任可汗李邵固后，拥立屈列为契丹诸部首领（730年），是为遥辇氏第一任可汗。洼可汗虽被拥立为契丹可汗，但大权仍然掌握在可突于手中。唐开元二十年（732年），洼可汗、可突于联合奚族入寇幽州时被唐兵打败。翌年，洼可汗、可突于引突厥人马入寇，败唐军于都山（今河北省青龙满族自治县西北），杀唐幽州道副总管郭英杰。唐开元二十二年（734年），洼可汗、可突于入寇幽州，被唐幽州节度使张守珪击溃，洼可汗、可突于见形势对己不利，在派人向唐军请降以拖延时间的同时，派人向突厥请援以求脱身。唐前往接受投降人员识破两人伎俩，遂联合契丹乙室活部首领李过折将洼可汗和可突于斩杀（734年）。

阻午可汗，契丹名迪辇俎里，汉名李怀秀，生卒年不详，《辽史》有载，为契丹遥辇氏部落联盟第二任可汗。李过折杀死屈列、可突于后，举部降唐，被唐授予契丹知兵马中郎将，代领其众（735年）。翌年，李过折亲自入唐觐见唐玄宗，被封为北平王，授检

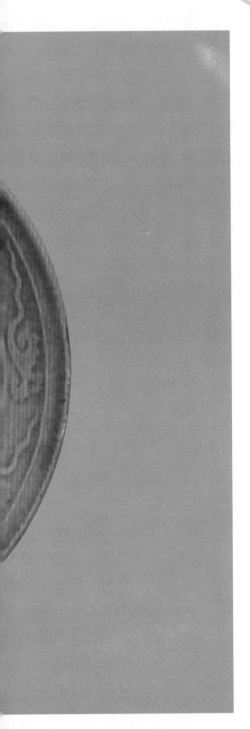

校松漠都督。但是，李过折回到契丹不久，就被可突于同党涅里所杀，涅里被唐廷册为松漠都督，成为契丹的实际首领。不久，涅里因安禄山之故，举部背唐依附突厥。唐开元二十五年（737年），涅里拥立遥辇氏迪辇俎里即阻午可汗为契丹可汗，组建了遥辇氏部落联盟（737年）。当时，经过大贺氏后期内乱，契丹衰落，八部只剩五部。阻午可汗组建部落联盟后，在涅里帮助下对部落进行整顿重建为八部，建立各项制度，设置各级官衙，从而使遥辇氏部落联盟具有了汗国的性质。唐天宝四年（745年），回鹘灭亡突厥成为草原新霸主，阻午可汗乘机举部归唐，被唐廷赐姓名李怀秀，授松漠都督，封崇顺王，同时，唐玄宗封外孙女孤独氏为静乐公主，下嫁阻午可汗。阻午可汗携静乐公主回到契丹不久，因安禄山滥杀契丹人之故，杀死静乐公主叛唐。安禄山乘机讨伐契丹，阻午可汗不敌唐兵败逃，依附于回鹘政权。唐天宝十年（751年），安禄山率幽州、平卢、河东三道6万（一说10万）余兵马讨伐契丹，阻午可汗率部众在潢水（今西拉木伦河）南击败唐兵，唐兵损失惨重，安禄山只身而逃。此后阻午可汗率部仍然依附于回鹘，后因"安史之乱"爆发，阻断了河北道路，契丹可汗没有直接到长安觐见唐皇，而是遣使通过奚族向唐皇朝贡，由此唐廷没有对契丹遥辇氏可汗进行册封，其事迹亦不显于中原史籍。

胡剌可汗，契丹遥辇氏第三任可汗，《辽史》无载。胡剌可汗在位时间大约为唐肃宗（756—762年在位）和唐代宗（762—779年在位）时期。期间，契丹曾于唐肃宗至德（756—758年），唐代宗宝应（762—763年）、大历（766—779年）年间遣使入唐朝贡，其中唐代宗大历年间朝贡达13次之多，时契丹当为胡剌可汗在位时期。

苏可汗，遥辇氏第四任可汗，《辽史》无载。苏可汗在位时间大约为唐德宗（779—805年）在位时期。因"安史之乱"阻断了契丹入唐朝贡道路，因此自契丹遥辇氏苏可汗始，唐廷没有册封契丹可汗松漠都督。唐德宗贞元（785—805年）年间，契丹曾遣使入唐朝贡，时当为苏可汗在位期间。

鲜质可汗，遥辇氏第五任可汗，《辽史》无载。鲜质可汗在位时间大约为唐宪宗（805—820年）时期，遥辇氏曾7次遣使到长安朝觐唐皇。鲜质可汗后人《辽史》有传，现择几人作一简略介绍。耶律敌剌，鲜质可汗之子（此记为"子"似有误，时距鲜质可汗时期已80余年，疑为"裔"之误），在辽太祖阿保机夺取汗权过程中发挥了重要作用，由此得到辽太祖重用，辽太祖朝累官奚六部吐里（管理奚部众之官）；耶律弘古，鲜质可汗后裔，在辽圣宗朝历官南京（今北京市）统军使、东京（今辽宁省辽阳市）留守，封楚国公、侍中（相当于中原宰相）；耶律玦，鲜质可汗八世孙，在辽兴宗、辽道宗两朝历官知北院副部署、枢密副使、西南面招讨都监、南京留守事、南面林牙，参与修纂国史。耶律玦是辽代

著名忠直、清廉之臣，其墓志在赤峰市敖汉旗境内出土。

昭古可汗，遥辇氏第六任可汗，《辽史》无载。昭古可汗在位时间大约为唐文宗（826—840年）时期，曾4次遣使到长安觐见唐皇。昭古可汗后人《辽史》有传，现择几人作一简略介绍。耶律海里，昭古可汗后人，在辽太祖阿保机夺取汗权中发挥了重要作用，在辽太祖朝官至遥辇敞稳（管理遥辇帐族之官），时遥辇氏贵族对辽太祖夺取自己家族汗权不满，耶律海里作了许多说服工作，对维护辽太祖阿保机汗权，稳定遥辇氏人心发挥了重要作用，辽太祖朝出任首任遥辇九帐大常衮司敞稳（管理遥辇氏九可汗族务之官），曾率领遥辇九帐兵马随辽太祖东征渤海国立有战功；耶律阿没里，昭古可汗四世孙，在辽景朝官至南院宣徽史、辽圣宗朝官至北院宣徽使，建有头下州丰州（今赤峰市敖汉旗境内）。

耶澜可汗，契丹名屈戍，生卒年不详，《辽史》有载，遥辇氏第七任可汗。唐武宗会昌元年（841年），唐幽州节度使张仲武击败回鹘部落后，遣使入契丹，督促契丹搜索在契丹的回鹘贵族交给唐廷。在唐廷的压力下，契丹召开选汗大会，对可汗进行了重新推选，屈戍被推选为新可汗，史称耶澜可汗。张仲武将耶澜可汗当选情况报告给唐廷，唐武宗（842年）下诏："契丹新立之王屈戍，可以授以云麾将军、守右武卫将军，员外设置，视同正员待遇。"耶澜可汗接到诏书，依例谢恩，并请求唐廷赐予官印，以代替回鹘政权所授官印（契丹归附回鹘后，回鹘政权曾颁给契丹可汗印绶）。唐廷同意了耶澜可汗的请求，赐令以"奉国契丹之印"

为新印之印文，张仲武遂以新印赐给契丹。唐朝赐予契丹可汗之印，对契丹社会发展产生了重大影响，在此后相当长的时间内，契丹与唐朝保持和平友好的交往关系，为契丹社会的发展创造了条件。

巴剌可汗，契丹名习尔，生卒年不详，《辽史》有载，遥辇氏第八任可汗。唐咸通年间（860—874年），巴剌可汗曾遣使入唐朝贡，其在位期间，契丹开始强盛。

痕德堇可汗，契丹名钦德，生年不详，《辽史》有载，遥辇氏第九任即最后一任可汗。唐光启年间（885—888年），痕德堇可汗率契丹诸部征伐奚及室韦诸部均获胜利，曾与幽州守将刘仁恭多年交兵，晚年政衰。唐天佑三年（906年）病逝，遗命传汗位给辽太祖阿保机。

4. 幽州契丹

契丹营州兵败不仅导致了契丹大贺氏部落联盟解体，而且分化出了另外一支契丹人——幽州契丹。不过，从历史的角度来看，幽州契丹人并非契丹营州兵败的产物，而是唐王朝长期对契丹实施羁縻政策的历史产物。

纵观中国历史，中原政权对周边少数民族政权有一个一以贯之的政策，那就是羁縻政策。主要内容是中原政权通过在少数民族地区设置羁縻性质的州府，册封少数民族首领、下嫁皇家公主等措施，使少数民族成为中原政权的臣民、属民。这一政策，实际上是一个双赢的选择。中原政权通过这种手段，将少数民族统治（确切地说是笼络）在自己的政权之下，少数民族首领则通过这种形式来巩固自己的首领地位（即以中原政权为靠山）。唐之于契丹亦如此。

从史籍记载来看，契丹营州起兵反唐之前，唐廷不仅在契丹腹地设置了州府（如唐太宗贞观年间在契丹设置松漠都督府，在契丹八部设置九州等），而且在唐营州境内设置州府以安置内附的契丹部落。如唐武德年间，契丹内鸡部首领孙敖曹举部附唐，唐在营州置辽州以安之（621年）；唐贞观年间，唐廷相继在营州设置玄州（安置附唐的契丹别部首领曲据部落）、昌州（安置附唐的契丹松漠部族，即大贺氏部族）、师州、带州（安置附唐的契丹乙室活部落）、弹汗州（安置附唐的大贺氏汗族）。前者称契丹部落羁縻州（如松漠都督府及八部九州等），后者称侨置羁縻州（如弹汗州、昌州、带州等）。这些羁縻州府的存在，维系了唐与契丹的正常隶属关系。

契丹营州兵败后，唐廷仍然对契丹施以羁縻政策。一方面将设置于营州的契丹侨置州（如弹汗州、昌州、玄州等）迁到关内幽州、河北、山东等内地；一方面试图恢复契丹部落羁縻州府（如松漠都督府等）；同时通过下嫁公主，进一步笼络契丹（唐廷共下嫁契丹4位公主，全部在契丹营州兵败之后）。就契丹而言，营州兵败动摇了大贺氏家族的统治地位，为了维护和巩固汗权，大贺氏也需要唐廷这个靠山。故此营州兵败后的大贺氏5任可汗（李失活至李邵固），上任初始便都主动入唐朝觐并请求纳唐公主为妻。只不过这种羁縻政策并没有收到预期效果，大贺氏最终还是被遥辇氏所取代。

从历史发展来看，唐对契丹大贺氏的羁縻政策不仅起到了羁縻契丹诸部的效果，而且起到了分化契丹部族的作用。契丹营州兵败后，唐廷将设置于营州的契丹侨置州府先后迁到关内，主要安置于幽州，至唐开元全盛时，唐在幽州设置的契丹侨置州在8个以上，相当于契丹主体八部之数，从而形成了"幽州契丹"群体，

唐称之为"归化契丹人"。

"幽州契丹"群体的存在，不仅密切了唐廷与契丹的关系，而且促进了契丹民族与汉民族之间的交流和融合。其中，一些契丹人进入唐廷为官，在维护唐廷政权稳定方面发挥了重要作用。现择几人作一简略介绍。

孙敖曹，隋末唐初契丹别部酋长，初仕隋为金紫光禄大夫，唐武德四年（621年），孙敖曹遣使附唐，唐置其部落于营州（今辽宁朝阳）城侧，授予孙敖曹云麾将军，行辽州总管之职。从史籍记载来看，孙敖曹是隋末唐初契丹诸部中最早入唐朝觐并得到唐廷册封的首领，对大贺氏首任可汗咄罗（923年入唐朝觐）和其他契丹部落酋长入唐朝觐及与唐交往有一定的影响。据有关契丹

辽史研究资料,孙敖曹所在部落(一说为内鸡部)不在大贺氏部落联盟之列,世与大贺氏、遥辇氏、世里氏(涅里家族)通婚,史称审密氏。契丹建国后,这个家族遂成为辽朝后族,是辽王朝政坛上一支重要的政治势力。

杨契丹,隋唐间契丹人,隋时归附中原,入朝为官,唐初官至上仪同官阶,以绘画名扬当世。其画吸收了当时中原和北方绘画的艺术技巧,形成了中国绘画技艺中独特的"风骨",不仅是契丹族绘画史上"画祖"人物,而且在唐初绘画史中也占有一席之地,得到唐宋文学人士的普遍赞赏。杜甫在《奉先刘少府新画山水障歌》中便有"岂但祁岳与郑虔,笔迹远过杨契丹"之句。由此可见,杨契丹绘画技术对后世的影响及其在促进各民族间文化交流方面所作出的贡献。

贪没折,契丹部落酋长,唐贞观二年(628年)率部降唐,唐廷置其部于营州(今辽宁朝阳);唐贞观四年(630年),贪没折说服东北奚、霫、室韦等十余部降唐内附,并多次率部随唐征讨突厥、薛延陀及高句丽等。

曲据,契丹部落酋长,唐贞观二十二年(648年)率部降唐,唐廷以其地置玄州,以曲据为刺史,隶营州都督府管辖。这是史载唐廷在营州设置的最早契丹侨置羁縻州县之一。

孙万荣,孙敖曹之孙(一说为曾孙),自孙敖曹举部附唐被安置于营州城侧,其家族世居此地。唐贞观年间,唐在营州孙氏居地置归诚州,孙氏世为归诚州刺史,统领本部。孙万荣早年曾入唐为侍子(实为人质),唐武则天临朝称制期间(685—688年)继父职,被唐廷封为右玉钤卫将军、归诚州刺史,封永乐县公,为本部落首领。唐武则天万岁通天元年(696年),契丹发生灾荒,民不聊生。时任唐营州都督赵文翙无视百姓疾苦,整日花天酒地,

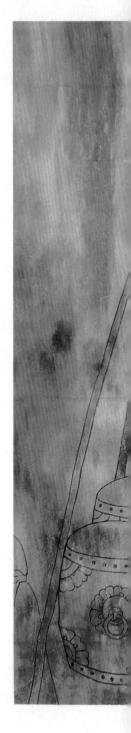

欺压百姓，凌辱部落首领，激起各族民众的强烈不满。孙万荣遂说服妹婿、大贺氏可汗、契丹松漠都督李尽忠起兵反唐，李尽忠称无上可汗，孙万荣为主帅，攻取营州，杀死赵文翙，然后率众攻打唐诸州。李尽忠病死后（696年10月），孙万荣代领其众，继续与唐兵作战。他传檄各地提出"还我庐陵王（唐高宗与武则天之子，即唐中宗）"的政治口号（实际是想利用中原人对武则天篡唐不满情绪，扩大自己的政治影响）。武则天大怒，在不断调兵遣将的同时，贿买突厥、奚族等同击契丹。在唐、突厥、奚三方夹击下，契丹最终兵败，孙万荣被家奴杀害（697年5月）。

李祜莫离，李窟哥曾孙，李尽忠之侄（一说两人为兄弟）。唐武则天万岁通天二年（697年），即李尽忠在反唐战争中病死的当年，李祜莫离降唐，被授予左卫将军兼检校弹汗州刺史，封归顺郡王。

李楷落（洛），契丹部落首领，大贺氏人，契丹营州起兵反唐时，李楷落为李尽忠部将。契丹兵败后，李楷落降唐（697年），被赐李氏，授玉钤卫将军，后为唐朔方讨击大总管，剿击突厥部落。唐玄宗开元初年（713—741年）封蓟国公，任幽州经略使，控顾榆关（今山海关）。唐天宝五年（746年），即阻午可汗叛唐投奔回鹘的第二年，唐廷封李楷落为恭仁王，代松漠都督，招抚契丹部众附唐。

李光弼（708—764年），李楷落之子，少时喜读《汉书》，善骑射，是中唐出色的军事家，在唐累官朔方节度使、天下兵马副元帅，是平息安史之乱的唐兵主帅，被加宰相，位至三公，封临淮王，与唐名将郭子仪齐名，世称"李郭"，战功推为唐中兴第一。

李猪儿，营州（今辽宁省朝阳市）契丹人，幼侍安禄山，被安禄山施以宫刑成为阉人，以近侍出入安禄山卧内，甚得信任。安禄山起兵反唐，李猪儿随其进入长安，见安禄山昏乱，遂刺杀安禄山拥立安庆绪（安禄山之子）为主（757年），后被史思明所杀（759年）。

孙孝哲，范阳（今北京市）契丹人，隶安禄山手下。唐天宝十年（751年），安禄山北讨契丹，结果被契丹阻午可汗在潢水南打败，在孙孝哲等28人的保护下才得以逃生。此后，孙孝哲更加得到安禄山的信任。孙孝哲善于女工活，安禄山晚年身体肥胖，腹重下垂，只有穿孙孝哲做的衣服才合体。安禄山起兵反唐称帝，孙孝哲掌其宿卫兵马之事，后与李猪儿同谋诛杀安禄山拥立安庆绪为帝（757年），与安庆绪等俱被史思明所杀。

张孝忠（730—791年），契丹乙室活部（李过折、涅里家族均为此部成员）人，其曾祖、祖曾为乙室活部酋帅，其父于唐开元年间（713—741年）举部附唐，被授以鸿胪卿同正之职，家居幽、并（太原）间。张孝忠曾在安禄山手下为偏将，安禄山、史思明起兵反唐失败后，张孝忠附唐授左领军将军。因平定内乱有功，封范阳郡王，累官唐成德节度使、义武军节度使、检校兵部尚书、检校左仆射、检校司空，其子娶唐室义章公主。张孝忠兄弟及子孙均在唐廷出仕为官。

"幽州契丹"群体对契丹民族乃至中国历史发展都有一定的影响。一方面，唐廷通过"幽州契丹"影响和招抚关外的契丹主体，使之与唐保持着联系。一方面，契丹主体受"幽州契丹"在唐政治、文化、经济、生活等诸方面影响（如李楷落、李光弼、张孝忠等在唐皆为高官），不愿离唐朝而去，故此遥辇氏统治契丹的170余年间，契丹可汗虽然没有得到唐的册封，但从未间断遣使入唐朝贡，与唐廷保持着联系和沟通。

　　进一步来说，"幽州契丹"群体所享有的中原先进的物质、文化文明，对契丹主体具有一定的吸引力和"诱惑力"，故此契丹在唐末五代乘中原混乱建国后，继续南下又获取了燕云十六州，与北宋形成中国历史上又一南北朝，谱写了契丹民族以及中国历史新篇章。

03

第二章 耶律崛起

痕德堇可汗殂，群臣奉遗命请立太祖。曷鲁等劝进。太祖三让，从之。……命有司设坛于如迂王集会埚，燔柴告天，即皇帝位。

《辽史》

1. 军事世家

在契丹营州兵败、大贺氏部落联盟解体、遥辇氏部落联盟组建过程中，契丹又崛起一个强大家族——迭剌部的世里氏家族，始祖即斩杀李过折、拥立阻午可汗组建遥辇氏部落联盟的涅里。

早期的契丹族没有姓氏，多以所居地名呼之，涅里家族的统治中心即今赤峰市巴林左旗及阿鲁科尔沁旗地域，称世里地，因此涅里也被呼为世里涅里（有些书籍亦称世里雅里、世里泥里）。辽太祖阿保机建国后，规定各部族以所居地名著姓，涅里家族正式以世里著姓。"世里"汉译为"耶律"，由此有的史籍称世里涅里为耶律涅里，此人便是辽太祖阿保机七世祖，也是契丹辽王朝耶律氏皇族始祖。

涅里所在世里（耶律）家族，是契丹大贺氏前八部中独活部、后八部中乙室活部成员（即与李过折为同一部落成员），并非强势家族。涅里本人能力超强，在大贺氏部落联盟后期为可突于集团骨干成员。他在可突于滥杀大贺氏可汗过程中扮演了什么角色，不得而知。当李过折联合唐兵杀死洼可汗和可突于之后，涅里随即将李过折诛杀，被唐廷册封为松漠都督，成为契丹诸部实际领导人。但他并没有自立为契丹王，而是拥立遥辇氏迪辇俎里为契丹王（阻午可汗），组建了遥辇氏部落联盟。

从涅里诛杀李过折（735年）两年后才拥立遥辇氏为可汗（737年）来看，他将契丹统治权让给遥辇氏是经过深思熟虑的。其原因史籍没有记载，有可能出于以下两方面原因：一是涅里家族与李过折家族同为乙室活部成员，李过折为该部首领，说明其家族是这个部落的核心成员，涅里家族则并非强势家族，他诛杀李过折的行为，必然要遭到李过折家族的反对，涅里得不到本部（乙室活部）核心成员（李过折家族）的支持，很难实现对契丹诸部的统治；二是涅里家族势力不如遥辇氏家族强大，被迫交出领导权。

可以肯定的是，涅里是一个善于权变之人。他并没有抓住契丹诸部统治权不放，而是采取以退为进、蓄势待时之策，让出契丹诸部领导权，拥立遥辇氏迪辇俎里（李怀秀）为契丹诸部首领，组建了契丹遥辇氏部落联盟（737年），准备在自己家族势力强大时再取遥辇氏而代之，重新夺取契丹汗权。为了实现这一目标，涅里居逊让和拥立之功，借遥辇氏部落联盟初建之机做了许多手脚。

大贺氏部落联盟末期，由于长年战争及内讧，大贺氏八部只存五部，涅里在辅佐阻午可汗（迪辇俎里）整顿和重组部落时，将五部重组为八部，分别是：迭剌部、乙室部、品部、楮特部、乌隗部、突吕不部、涅剌部、突举部。其中，迭剌部与乙室部由乙室活部分置，乌隗部与涅剌部原为一部分置，突吕不部与突举部原为一部分置，品部和楮特部情况不详。

八部中的迭剌部，即是以涅里世里家族为核心所组建的部落，遥辇氏家族分部情况则史籍不载。不过，《辽史》在记载涅里帮助遥辇氏重组八部时说，"大贺、遥辇析为六，而世里合为一，兹所以迭剌部终遥辇之世，强不可制云"。

也就是说，涅里在帮助遥辇氏重组八部时，将自己的世里氏整合为一个部落，而将原汗族大贺氏及新汗族遥辇氏分别置于别部之中，从而使迭剌部一跃而成为八部中的强部，为自己家族将来夺取汗权奠定了基础。

与此同时，涅里在帮助遥辇氏建立联盟制度时，在可汗之下特设了军事首长一职，称夷离堇，执掌联盟军事大权，为遥辇氏可汗佐相，涅里出任联盟首任夷离堇。由此使遥辇氏部落联盟形成事实上的军政分权格局，即遥辇氏执掌汗权，世里氏执掌兵权，位在诸部酋长及百官之上。进一步来说，涅里虽然让出了契丹汗权，但却把契丹诸部兵权抓在手中，形成与遥辇氏可汗同掌契丹部落联盟军政权柄格局。

很显然，涅里是想架空遥辇氏而掌握联盟实权，蓄势待时取遥辇氏而代之。但他没有想到的是，他得这一目标在170多年后才得以实现。不过，涅里在世时虽然没能取遥辇氏而代之，但由于他的有意为之，耶律氏取得了世任契丹八部军事首长（夷离堇）的特权，他的子孙们世代以迭剌部夷离堇兼任联盟夷离堇，执掌契丹八部兵马大权，耶律氏也因此成为契丹军事世家。

2. 释鲁总理汗国事

契丹遥辇氏部落联盟存世 170 余年，历 9 任可汗。期间耶律氏担任迭刺部及遥辇氏部落联盟夷离堇者不计其数，按照辽太祖阿保机直系祖先的传承关系，分别是涅里、毗牒、颏领、耨里思、萨刺德、匀德实、撒刺的、阿保机。

契丹建国前没有文字，阿保机七世先祖的事迹有的不显于史籍，有的是建国后追记，有的散记于《辽史》或其他史籍中，散乱而稀少。即便如此，我们从中也不难发现耶律氏家族为夺取汗权而努力奋斗的艰辛历程。

涅里，涅里在拥立遥辇氏迪辇俎里（李怀秀）组建契丹遥辇氏部落联盟的同时，以自己家族为核心组建了迭刺部，为耶律氏家族崛起打下了基础。此人是《辽史》记载的迭刺部耶律氏始祖，

也是辽太祖阿保机七世祖。

毗牒，涅里之子，辽太祖阿保机六世祖，是辽太祖直系祖先中第二任夷离堇。参与了父亲涅里组建迭剌部的过程，继父担任迭剌部夷离堇，在迭剌部耶律氏家族事业发展中起到了承上启下的重要作用。

颏领，亦称勃突，毗牒之子，辽太祖阿保机五世祖。此人貌异常，有武略，力可敌百人，由此被众人推为王，进一步发展了迭剌部耶律氏家族事业。

耨里思，颏领之子，辽太祖阿保机四世祖，生于辽祖州（即今赤峰市巴林左旗石房子村一带）。担任迭剌部夷离堇和执掌契丹八部兵马大权期间，曾率领契丹八部兵马与安禄山战于潢水之南。此次战役就是遥辇氏可汗迪辇俎里归附唐廷被赐姓名李怀秀、封松漠都督后，迎战安禄山的那场战役（751年）。其时距涅里拥立遥辇氏迪辇俎里为可汗（737年）只有短短的14年时间，耶律氏家族已经有涅里、毗牒、颏领、耨里思四人担任夷离堇。说明涅里、毗牒、颏领祖孙三人担任夷离堇的时间都不是太长，耶律氏真正得以发展壮大，始于耨里思。此人为人大度，不善于言语，但言必信，行必果，因此在契丹八部中的威望很高。阿保机建国后，按照中原五服惯例，将耨里思家支尊为皇族，追谥其为肃祖。

萨剌德，耨里思次子，辽太祖阿保机曾祖，生于辽祖州。担任迭剌部夷离堇期间，中原李唐王朝经"安史之乱"开始走下坡路，无暇顾及草原诸部族，契丹等游牧民族获得了竞相发展的时机。萨剌德率领契丹兵马对外用兵，不断拓展生存空间，在对北方室韦诸部用兵时身中数箭仍坚持战斗。这样的英雄形象使他在获得部族人敬佩的同时，也使迭剌部在对外征伐中掠取大量的财富，进一步发展壮大了耶律氏家族势力，契丹建国后被追谥为懿祖。

萨剌德亦生四子，其中次子帖剌最为出色，为辽太祖阿保机二伯祖。此人曾九任迭剌部夷离堇，执掌契丹八部兵马大权近30年（按照契丹旧俗，契丹可汗及部落酋长每届任期为三年），为迭剌部及耶律氏家族的发展壮大做出了突出贡献，也为耶律氏最终取代遥辇氏执掌契丹汗权奠定了基础。帖剌之孙耶律羽之家族墓在今赤峰阿鲁科尔沁旗朝格图山下发现，出土有墓志。

　　匀德实，萨剌德第三子，辽太祖阿保机祖父，生于辽祖州。担任迭剌部夷离堇时，正是遥辇氏耶澜可汗和巴剌可汗执政期间，时值大唐王朝已到末世，中原藩镇割据，回鹘汗国灭亡（840年），草原诸部族得以竞相发展，契丹族抓住这一难得的发展机遇，积极对外扩张。匀德实作为契丹八部兵马最高统帅，率领契丹铁骑在北征室韦，西伐奚族的同时，不断南下抢掠燕云地区，将汉族人口俘虏到长城以北，使契丹腹地出现了农业人口和农耕产业，在促进契丹社会进步的同时，进一步扩张了迭剌部的势力。但是随着迭剌部势力的扩张，部落领导权的争夺也越来越激烈，匀德实最终被同族政敌杀害。

　　匀德实被杀害时，他的四个儿子都未成年，在母亲带领下逃到突吕不部才免遭劫难。随着时间的推移，年龄的增长，除老大早卒而外，其他三兄弟也都投入迭剌部夷离堇的竞争之中。

　　老二严木，辽太祖阿保机二伯父。由于兄长早卒，作为次子的他成为家里的顶梁柱。在父亲被杀害，家支受到沉重打击，甚至是跌入低谷的严峻形势下，严木靠自己的能力和拼搏，曾三任迭剌部夷离堇，从而重振家支雄风，不料英年早逝（45岁而卒）。

　　老四撒剌的，辽太祖阿保机父亲，生于辽祖州。在四兄弟中最小，担任夷离堇期间，率领契丹兵马继续对邻族和燕云用兵，曾俘虏奚族七千户，将中原的冶铁技术引入契丹腹地，在促进契丹社会进步的同时，进一步增强了迭刺部的势力，不料也是英年早逝。

四兄弟中，最值得一提的是老三耶律释鲁。此人身材魁梧，贤能而有智谋，担任夷离堇后，率领契丹八部兵马东征西讨屡立战功。当时居住契丹西边的突厥余部势力仍很强大，遥辇氏可汗不敢与其对抗，只好每年向突厥纳贡以维系双方关系。释鲁担任夷离堇后，开始对突厥用兵，迫使突厥免除了契丹每年对其的岁贡。同时，释鲁率领契丹八部兵马北征乌古、室韦等部族，南掠易（今河北省易县）、定（今河北省定县），西伐奚、霫，在扩大契丹疆域的同时，还在契丹腹地建筑了城池（史称于越王城，城址在今赤峰市巴林左旗石房子村南），利用汉人教契丹人种桑麻、学习纺织等。

筑城池、种桑麻、纺织等中原先进的生产技术，在极大地促进契丹社会生产力发展的同时，也进一步提高了释鲁的威信，壮大了耶律氏家族势力。遥辇氏痕德堇可汗迫于耶律氏家族势力和释鲁的威信，只好拜释鲁为于越总理汗国事务。

契丹职官中原来并无于越一职，遥辇氏部落联盟为了表彰释鲁对契丹社会的特殊贡献，特设了此职官。于越意为"尊敬的"、"贤明的"，相当于中原的"三公"（隋唐时称太尉、司徒、司空为三公，正一品），在某种程度上只是一个荣誉官，但释鲁在被拜为于越的同时，还被授予总理汗国事务之权，这就意义非常了。

当年涅里辅佐阻午可汗建立联盟制度，设置夷离堇一职，目的是想把契丹八部兵马大权抓在手中，以与遥辇氏同掌联盟权柄。但是，联盟夷离堇权力虽然在诸部夷离堇之上，却也只能执掌兵马大权，权力自然不能与可汗权力相比。释鲁被拜为于越总理汗国事务，则不只是执掌兵权了，而是把联盟的行政权力也掌握在手中，

从而真正地架空了遥辇氏可汗，形成挟天子以令诸侯之势。

释鲁拜为于越，总理汗国事务，标志着迭剌部耶律氏势力已经超过了遥辇氏势力，取遥辇氏而代之只是时间问题。但是，就在这个节骨眼上，释鲁被杀害，耶律氏家族遭到致命打击。

3. 阿保机攫取汗权

匀德实第四子撒剌的虽然英年早逝，却生了一个英雄儿子——耶律阿保机。

阿保机，姓耶律氏，名亿，字阿保机，小字啜里只，有些史籍也称作安巴坚、阿保谨、阿尔济、阿布机，872年，生于辽祖州，在兄弟妹7人中行大。

如同所有的英雄人物都有一段美丽而神奇的出生故事一样，阿保机也有一个异于常人的出生故事。

传说阿保机的母亲岩母斤曾梦日坠怀中，从而怀上阿保机，待其出生时，帐内有神光异香，落地即如3岁儿，会爬行，3个月就能走路，百日就会说话，自言有神人翼卫，并且能够预言未来的事情，到了7、8岁换牙的时候，就能够谈论国家大事了。

这个近似荒诞的故事，实际上是在向世人透露这样一些信息：阿保机从小就与普通孩子不一样，诸如爬行、走路、说话、换牙等都要早于其他孩子，抑或还有过大难不死的经历（因有神人翼卫），拿现在的话来说，有可能是一个神童，智商超过常人。但是，神童也好，异于常人也罢，阿保机出生后的日子并不好过。

阿保机出生时正值迭剌部耶律氏家族争夺夷离堇斗争激烈时期，有过丈夫匀德实被害经历的祖母，见孙儿阿保机异于常人，怕其被政敌所害，便把孙儿的脸涂黑，藏于别帐之中，不让外人发现，由自己亲自抚养。阿保机就是在这样的环境里逐渐长大的。但是，生活的磨难并没有结束，在阿保机长到十来岁的时候，又失去了父亲（撒剌的或病逝，或被政敌杀害，或战争而死，不得而知）。

在氏族社会里，失去父亲的家庭生活是可想而知的，好在阿保机还有一个疼爱他的三伯父耶律释鲁。

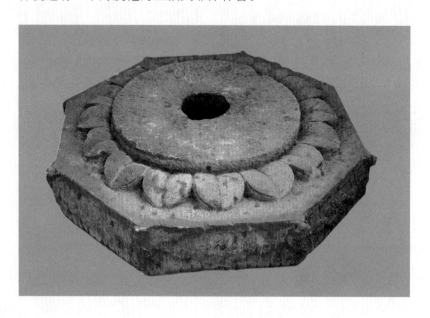

释鲁拜于越，总理汗国事后，自然也在考虑耶律氏取代遥辇氏的问题。他心里清楚，耶律氏要取代遥辇氏执掌契丹汗权，不是他一人之力可以办到的，更不是一件轻而易举的事情，甚至还需要耶律氏几代人的努力。为此他把侄儿阿保机选为耶律氏家族的接班人，并对阿保机进行了全方位培养。他经常对族人说，阿保机是一条龙，自己充其量也就是一条蛇，将来振兴耶律氏家族者，必是阿保机，教导族人要维护和尊重阿保机。他还经常有意识地征求阿保机对联盟大事的意见，培养其参与国家大事的意识和决策能力。

在三伯父的关心和培养下，阿保机逐渐长大成人。

契丹族习俗男子年满 15 岁为成年人年龄，要隶兵籍，有战事应调出征，阿保机自然也不例外。成年后的阿保机身长九尺，两眼如电，力能开三百斤弓，这样的英雄体魄，使他在战场上找到了发挥才能的空间。为了锻炼侄儿统军征战的能力，释鲁让阿保机担任了挞马狘沙里。

挞马狘沙里是一个管理数人的小官，抑或是军队首领的侍卫队长。就是这样一个小官，却让阿保机有了施展军事才能的机会，第一次出手，便兵不血刃地征服了大、小黄室韦部。

室韦是蒙古诸部先祖，与契丹同为东胡族系。当年东胡部落联盟被匈奴击溃，部众退入大兴安岭山脉以自保，后来在南迁西走的过程中发展演变为不同的部族。其中有一支发展为室韦诸部，以嫩江流域为中心，在唐开元年间发展到极盛，有数十部之多，唐廷曾在室韦诸部设置室韦都督府以羁縻室韦诸部。大、小黄室韦部是室韦诸部中比较强大的部落，阿保机的祖父辈们曾多次对室韦诸部用兵，也征服过一些室韦部，这其中就包括大、小黄室韦部。但是这些被契丹征服的室韦部，时服时叛，阿保机担任挞

马狨沙里时，大、小黄室韦部再次叛乱。

阿保机并没有对大、小黄室韦部硬性用兵，而是用计将其降服。至于用的什么计，怎么降服的，就不得而知了。总之，不战而屈人之兵，是为兵之道的上上策，阿保机计降大、小黄室韦既显示出了他的军事谋略，也受到了族人的尊敬。在此后的几年间，阿保机率领所属兵马开始四处征伐，先后征伐了越兀、乌古、六奚、比沙狨等部族，均获大胜，被族人称为阿主沙里，意为大英雄。

就在阿保机率领人马四处征伐屡建战功的时候，三伯父释鲁被人杀害。而释鲁被杀害，仍然是部族内权力斗争的结果。

匀德实兄弟四人中，老大叔刺早卒无后，老二帖刺曾九任迭刺部夷离堇，70岁而卒，老三匀德实担任夷离堇时被政敌杀害，老四裹古直没有担任过夷离堇，年及冠堕马而卒，因此迭刺部夷离堇之争主要在老二帖刺和老三匀德实两家支中展开。

老二帖刺子孙不在少数，但史籍只记载了他三个儿子的情况，分别是霭古只、辖底、偶思。匀德实有子四人，三子释鲁为于越时，其他三兄弟都已经不在人世，因此迭刺部夷离堇之争主要在霭古只三兄弟间展开。这一年，老大霭古只被推举为迭刺部夷离堇，老二辖底心里不服，有意从大哥手中抢夺夷离堇。他平时与于越释鲁关系不错，于是两人策划了一个掉包之计，乘罨古只举行柴册礼（柴册礼本来是契丹可汗登基仪式，由于迭剌部夷离堇权力在诸部夷离堇之上，因此也有举行柴册礼的特权，一旦举行柴册礼便为合法夷离堇，任何人不得擅自废立）时，辖底事先埋伏在再生室（按照规定，举行柴册礼前要先举行再生礼。再生礼是契丹族的一种习俗，即重复孩子出生过程，以示不忘母亲生育之恩，实际是一种"母性崇拜"。契丹贵族男子在本命年时也要举行再生礼，被推举为部落首领时也要举行再生礼），抢先再生，接着举行了柴册礼，从而将夷离堇抢到手中。

罨古只夷离堇被抢，自然对释鲁和辖底恨之入骨，从而结下仇怨。也是事有凑巧，释鲁的小儿子耶律滑哥看上了庶母萧氏（即释鲁小妾），两人勾搭成奸，不料日久事情暴露。滑哥怕受到父亲的惩罚，顿起害父之心，联合对父亲怀恨在心的罨古只及与耶律氏有仇的萧台哂一起杀害了释鲁。

释鲁不仅是遥辇氏部落联盟高官，而且是耶律氏家族的领袖人物，被人杀害自然是要破案的。这一破案任务本来是要由迭剌部掌门人辖底（即抢夺夷离堇之人）来负责的，但辖底见释鲁被杀害，吓得跑到渤海国躲了起来，于是阿保机有了露脸的机会。

阿保机虽然还只是一个管理数人的挞马狨沙里，但多年征战，屡立战功，使他成为族人心目中的英雄。他见迭剌部夷离堇辖底跑到渤海国躲了起来，便主动承担起破案重任，并很快侦破案件，将罨古只、萧氏、萧台哂等首犯绳之以法。

在处理释鲁被害案件时，阿保机还建议遥辇氏痕德堇可汗建立了"籍没之法"，即杀害联盟和部落首领的首要分子在被处死的同时，其家族成员也要被籍为奴隶。"籍没之法"的设立，无疑对想谋害联盟首领人员起到一定的震慑作用，从而防止或减少谋害联盟首领案件的发生。

"籍没之法"的设立，说明阿保机已经有了以法治国的思想，同时也说明阿保机确实有高于常人的谋略。

释鲁被杀，辖底跑到渤海国，使迭剌部夷离堇出现空缺。此时阿保机父辈四兄弟已经都不在人世，帖剌三子即罨古只三兄弟中，罨古只被处死，辖底跑到渤海国，偶思身体有病不能担任夷离堇，因此迭剌部夷离堇人选只能从阿保机一辈来选择。这样一来，阿保机便有了担任迭剌部掌门人的机会。

公元 901 年，无疑是契丹民族历史上开元之年。因为这一年

是《辽史》的纪元初年。在此之前，契丹族虽然在人类历史舞台上活跃了500多年（从388年契丹族称正式见著于史籍算起），其中也经历了古八部、大贺氏八部、遥辇氏八部等部落联盟时代，但契丹族这500多年的历史，却是支离破碎，没有一个像样的记录，只能从中原史籍中看到一些零散的记载。从901年开始，契丹族才有了真正的历史记录。这一年至契丹辽王朝灭亡（1125年）的224年间，契丹族每一年到每一月甚至每一天的历史都有了明确的记载。而所有的这一切都缘于一个人，那就是耶律阿保机。因为在这一年里阿保机担任了迭剌部和契丹遥辇氏联盟夷离堇，契丹民族历史也由此进入了一个新的时代。

阿保机被推举为迭剌部夷离堇时，正值而立之年。如骏马有了草原，雄鹰有了天空，开始了他的军事征服生涯，也进入了他的人生辉煌时期。

如同狩猎一样，阿保机的军事征服也是从最弱的部族开始的。当时契丹的北面和东北面是乌古（室韦族西迁过程中形成的新的不再使用室韦族称的民族）、室韦、女真诸部族，东面是立国200余年的渤海国，南面是燕云地区，西南面和西北面是奚和霫。相比较而言，北面和东北面诸部族要弱一些，因此阿保机把第一个征服目标锁定为北面的乌古和室韦。实践证明，阿保机的选择是正确的，他只用了半年多的时间，便征服了室韦诸部及乌古大部。

对乌古、室韦诸部用兵取得胜利，极大地鼓舞了阿保机，他接着挥兵西进南下，准备征讨奚、霫两族。

奚族即库莫奚族，与契丹同为东部鲜卑宇文部成员，当时契丹势力弱小，寄生于库莫奚部落联合体中。北魏太祖登国三年（388年）库莫奚部落联盟被北魏大军击溃，契丹与库莫奚分离开来，两族以冷陉山为界，契丹居东，奚族居西，走上了各自发展的道路。契丹族经历了古八部、大贺氏八部、遥辇氏八部联盟发展阶段，成为草原强族，奚族则逐渐落后于契丹，但也发展为五部联盟，成为契丹的强邻。两族时而战争，时而联合。回鹘汗国灭亡后，契丹迅速崛起，开始对奚族用兵，阿保机祖父辈们就曾多次对奚用兵，但始终没有征服奚族。霫族也是东部鲜卑宇文部一支，居住于奚族北面、契丹西北面，与契丹时有冲突。

阿保机对奚和霫用兵没有像征服室韦乌古那样顺利，而是遇到两族的顽强抵抗。这使阿保机意识到，征服奚、霫两族的时机尚不成熟，于是他改变策略，派耶律曷鲁前往奚营结盟。

曷鲁是偶思之长子，帖剌之孙，与阿保机为一爷（辽懿祖萨剌德）之重孙，也是耶律氏家族中的出类拔萃者，长阿保机一岁，两人自小就是好朋友，并且互换袍马结为生死兄弟，长大后成为阿保机最得力臂助。阿保机为挞马狘沙里时，就是派曷鲁前往大、小黄室韦军营将其说降，这次又派其前往奚营结盟。曷鲁拿着阿保机的箭杆（当时契丹与奚都没有文字，两族首领交流以信物为证，箭杆是阿保机的信物之一）前往奚营，并最终说服奚王辖剌哥，两族结成暂时联盟。

阿保机与奚族结盟，自然有他的打算，那就是契丹既然不能在短时间内以兵征服奚族，那么在征服其他部族过程中，就不能不顾虑奚族趁机对契丹用兵。如果能与奚族建立和平友好关系，则有利于契丹对其他部族用兵，特别是有利于契丹出兵幽州。事实也是如此，契丹与奚族结成联盟，不仅给阿保机用兵其他部族提供了时间，而且还使他在部族中的地位得以提升。

遥辇氏痕德堇可汗鉴于阿保机的卓越战功，任命其为联盟夷离堇，专门负责联盟对外征讨。这样一来，阿保机担任迭剌部夷离堇只半年时间，便将契丹八部兵马大权揽于手中，成为契丹八部兵马最高统帅。

阿保机执掌契丹八部兵马大权后，更是踌躇满志，于第二年（902年）率领八部兵马越过长城，攻掠了河东代北九郡，俘获人口95000人，驼马牛羊不计其数。为了安置这些俘虏，阿保机在潢河与土河交汇处建筑了龙化州。次年（903年），阿保机挥军北上，征伐了部分女真部落，俘获以还。接着又挥军南下，再攻代北、抢掠蓟（今天津市蓟县）北，均俘获以还，创建了奚迭剌部，分置十三县。

建筑龙化州和创建奚迭剌部，标志着阿保机已经完成了经济和政治双重原始资本积累。一方面，由于阿保机父亲撒剌的英年早逝，造成了阿保机家支在耶律氏诸显贵中处于弱势，在弱肉强食的氏族社会里，弱势就意味着将被别人宰割，弱势就没有政治地位。正因为此故，阿保机即便是从小就表现出异于常人的特质，甚至被视为"神童"，可在30岁之前并没有什么显赫的官职，只不过是一个管理数人的挞马狘沙里。阿保机自然清楚经济基础与政治地位的关系，为改变自己经济基础薄弱的局面而不懈奋斗着。至创建奚迭剌部，他最少已经有了五个私有部落和一座私城。即

奚迭剌部（阿保机以所俘蓟北汉人与父亲先前所俘奚户置）、突吕不室韦部、涅剌拏古部（阿保机说降大、小黄室韦部后，将其一分为二划归为自己属部）、品达鲁虢部（阿保机以所俘达鲁虢部户置）、涅离部（阿保机以所俘乌古部户置）及龙化州城。至此，阿保机用最短的时间，完成了原始资本积累。一方面，龙化州城位于潢河与土河交汇处（今内蒙古通辽市奈曼旗八仙筒附近），这里是契丹始祖奇首可汗故壤，被契丹人视为"龙庭"，是遥辇氏部落联盟可汗的统治中心，阿保机以八部联盟夷离堇身份在这里建筑私城，从而使自己进入联盟决策核心圈，完成了政治资本积累。

阿保机经济和政治资本积累的完成，立即给他带来了莫大的政治效益。就在他建筑龙化州的同时，遥辇氏痕德堇可汗拜其为于越总理汗国事（903 年）。至此，阿保机从担任迭剌部夷离堇到执掌契丹八部兵马大权再到拜为于越总理汗国事，只用了不到 3 年的时间。

如同当年三伯父释鲁拜于越总理汗国事一样，阿保机被拜为于越总理汗国事，标志着他已经成为遥辇氏部落联盟的实际领导者，同时也标志着迭剌部耶律氏家族势力，已经超过遥辇氏汗族势力，耶律氏取代遥辇氏执掌契丹汗柄的时机已经成熟。但是，深谙政治之术的阿保机并没有一脚将遥辇氏痕德堇可汗踢开，自己坐到汗位上。他心里清楚，强扭的瓜不甜，瓜熟蒂落才是正理。强行从不愿意放弃汗柄的遥辇氏家族手中夺取汗权，必然要发生流血事件，弄不好还会造成契丹内乱，从而导致契丹八部联盟解体，这自然是他所不愿意看到的局面。最理想的结果，就是让遥辇氏自动让出汗位。

　　为了逼遥辇氏早一点把汗权让给耶律氏，阿保机在不断向遥辇氏施压的同时，在遥辇氏"软肋"上重重地击了一拳。

　　在契丹对外征伐的过程中，契丹社会中涌现出了众多的战争暴发户。这些人在战争中发了财，成为契丹社会中的显贵，而诸部夷离堇又是显贵中的显贵。随着财富的积累，他们已经不满足于对草原诸部族的征伐，而是把目光瞄准了幽州地区。

　　契丹进入幽州地区，受到燕山山脉的阻挡，通常要通过古北口和榆关（即山海关）等关隘南下。由于古北口邻近奚境，契丹只有与奚族联合南下，才能通过古北口进入幽州地区，这显然要看奚族人的脸色，因此契丹有时要通过榆关独自南下。不过，榆关有一夫当关，万夫莫开之险，要通过榆关并非易事。契丹兵马只能一边在榆关外放牧战马，一边寻找攻关的机会。

　　盘踞幽州的刘仁恭为了防止契丹人南下抢掠，每年的秋冬之季，命令士兵放火将临近关隘的草场烧光，使契丹兵马不能靠近关隘。这一火攻之策收到了奇效，不仅使契丹南下抢掠的念头化为泡影，而且还由于火势太猛将契丹大片草场烧光，致使契丹大

量的牲畜被饿死。遥辇氏痕德堇可汗为了多保住一些草场，只好向幽州的刘仁恭送礼，求其手下留情，自然也就没有了南下抢掠的勇气。这样做的结果，虽然多保住了一些草场，但这一送礼免灾的行为，却成为遥辇氏的"软肋"，被契丹诸显贵们所不耻，认为遥辇氏软弱无能，已经不能胜任契丹可汗。

阿保机正是抓住遥辇氏这一"软肋"做足了文章。他在被拜为于越的第二年（904 年），开始对黑车子室韦用兵。

黑车子室韦是室韦诸部中的一部，原来居住于嫩江流域，为了摆脱契丹的征伐而举部西迁到契丹和奚族西面的长城以北地区，并与幽州军阀刘仁恭建立了联盟，成为契丹向西发展的又一阻力。阿保机对黑车子室韦用兵，除了向西发展而外，还有一个更主要的目的，就是寻机攻打刘仁恭，为自己捞取政治资本。事态的发展也正合阿保机的心意，黑车子室韦自知不是契丹对手，便派人向幽州求援。

刘仁恭与黑车子室韦结盟的目的，也是想利用其牵制奚和契

丹，以稳定后方。如今黑车子室韦受到契丹征讨，自然不会坐视不管，立即派出兵马前往援助。

阿保机早就做好了准备，得知刘仁恭派出援兵后，立即派人假扮成黑车子室韦人，将幽州兵马引进埋伏圈全部消灭。

契丹族是一个尚武的崇拜英雄的民族，视能征善战、屡立战功的人为民族英雄。阿保机打败幽州兵马与遥辇氏痕德堇可汗向刘仁恭委曲求全形成了鲜明的对照，从而进一步受到族人、特别是诸显贵的推崇（诸显贵想在对外战争中发财，当然是推崇阿保机这样能够发动和取得对外战争胜利的首领）。面对阿保机的英雄形象和卓越战功，遥辇氏痕德堇可汗自然是自惭形秽。不仅如此，阿保机击败幽州兵马和征讨黑车子室韦的军事行动，还引起了中原两强的注意。

在契丹崛起的同时，中原的唐王朝却是日薄西山，失去了对中原的控制力，使中原出现了藩镇割据的局面。当时在河（黄河）北和燕云地区盘踞着三个大军阀，即以汴梁（今河南省开封市）为中心的朱温，以河东太原为中心的李克用和以幽州（今北京市）为中心的刘仁恭。

朱温和李克用是中原两股最强大的藩镇势力，为了争夺河北地盘，把目光都投向了北方的契丹，先后与阿保机结盟，以期将契丹结为外援。

李克用和朱温撇开契丹的实际领导人痕德堇可汗，纷纷与阿保机结盟，实际上就是把阿保机当成了契丹的实际领导人，从而极大地提高了阿保机在契丹诸部族中的威信，耶律氏取代遥辇氏已是水到渠成。

世间事物都遵循一个发生、发展、兴盛、衰落、灭亡的规律，即所谓的新陈代谢，人类社会似乎也没有跳出这一窠臼。

契丹遥辇氏部落联盟痕德堇可汗，名钦德，是契丹遥辇氏部落联盟第九任可汗。在执政期间，也曾率领契丹兵马东征西讨，打了不少胜仗，对契丹疆域拓展、社会发展也都做出了一定的贡献。但是，树大自枯，力极而衰。遥辇氏统治契丹诸部已经170余年，早已过了辉煌时期，无力再延续自己的统治了。在耶律氏家族强势压力下，在阿保机卓越战功的威逼下，在部族内外政治势力的参与下，除了让出汗权，已经别无选择，可选择的只是如何让出汗权的问题。可以肯定的是，遥辇氏选择了一条明智之路。

就在阿保机与朱温结盟不久，痕德堇可汗病逝，临终前留下遗命，传汗位给阿保机（906年12月）。阿保机于翌年（907年）正月筑坛行柴册礼，正式担任契丹可汗，是为辽太祖。

关于辽太祖担任契丹可汗一事，史籍记载着两个版本：一是遗命说，一是推举说。

"遗命说"见于《辽史》，大体过程如下：906 年 12 月，遥辇氏痕德堇可汗病逝，留下遗命传汗位给辽太祖。诸部酋长和大臣遵照这一遗命，请辽太祖继承汗位。辽太祖推辞说："昔日我祖夷离堇雅里（涅里）曾以不当立为由，推辞不当可汗，现在如果听从你们的劝进，担任契丹可汗的话，我有何面目去见先祖？"

曷鲁劝道："昔日我祖推辞不当可汗，是因为没有遗命，符命祥瑞没有出现，仅仅是为族人所推戴罢了。而现在，先可汗遗言犹在耳边，天、人都授命于你，就像安排好的一样。天命不可逆，人命不可违呀！"

辽太祖继续推辞说："可汗的遗命固然是有，但是，你怎么知道天道呢？"

曷鲁回答说："听说于越出生的时候，神光普照，异香满幄，梦中受神人教诲，龙授你金佩。天道无私，必授予有德之人。我族削弱，长期受邻部的欺负，所以才生圣人来振兴我族，先可汗知道天意，所以才有这样的遗命。遥辇九帐，星罗棋布，并不是没有可立之人，而黎众之心属于你，这就是天道。昔日于越伯父（阿保机三伯父释鲁）也说过，'吾犹蛇，儿犹龙也'。天时人事都属于你，机不可失呀！"辽太祖仍然没有答应。

这天夜里，辽太祖单独把曷鲁召到行帐，责备他不该当着众人的面，让自己担任契丹可汗。

曷鲁说："昔日，我祖雅里受到族人的拥戴，却推辞不当可汗，而立遥辇氏迪辇俎里为可汗，相传九世，使我契丹社会秩序混乱，法纪败坏，不得不依附于其他部族，就好像缝在旗子上的缨子一样，任人摆布，族人受苦。兴帝王之运，其实就在今天。顺应天意人心，答应可汗遗命，不可失去机会呀！"

辽太祖这才同意，于第二天即可汗位，以曷鲁总知军国事。

以上史料见于《辽史·耶律曷鲁传》，如此详细的记载，想必是实有其事。不过，有关痕德堇可汗死时遗命传汗位给辽太祖的记载，有可能是出于史官的粉饰。

据有关文献记载，辽太祖担任可汗第二年（908年）向朱温送良马时，"前国王钦德（即痕德堇可汗）并其大臣皆有贡献"。说明辽太祖担任可汗时，痕德堇可汗仍然活在世上，并且还与中原的后梁政权有联系，遗命之说自然也就不复存在。不过，虽然"遗命说"有可能不存在，但也不是凭空而来，而是"禅位"的曲笔（如朱温代唐建后梁、赵匡胤代周建北宋皆称"受禅"）。至于曷鲁等诸酋劝进一事，则是实有其事，这就是"推举说"的内容。

"推举说"见于《新五代史》，记载得比较简单，"八部之人以遥辇氏不任事，选于其众，以阿保机代之"。

前文已经述及，推举制是契丹族一种原始的择主方式，即契丹可汗每届任期为三年，届满后召开八部首长会议，推选贤能者任之。诸酋长都有当可汗的权利和资格，甚至是八部首长轮着当可汗，三年轮一次，遇有灾难时要临时动议，推举贤能者代之，被代者也没有什么怨言，以为理应如此。不过，这种推举制只是存在于契丹古八部联盟时期，到了大贺氏和遥辇氏部落联盟时期，契丹可汗人选就被圈定在大贺氏和遥辇氏家族中，推举制实际上变成了世选制。进一步来说，到了大贺氏和遥辇氏部落联盟时期，契丹可汗虽然仍由诸部酋长推举产生，但这种推举也只是徒有形式而已。

综合"遗命说"和"推举说"，我们不难发现辽太祖夺取汗权的过程是：辽太祖以势力强大的迭剌部做后盾，联合诸部首长，利用契丹原始的可汗"推举制"，以遥辇氏痕德堇可汗"软弱"为由，

强迫其将汗权"禅让"给自己，然后召开诸部酋长会议，由曷鲁（辽太祖最有力支持者）等推举（劝进）自己为可汗，走了一遍"推举制"的程序。

抛开"遗命说"和"推举说"，从历史唯物主义观点来看，辽太祖取代遥辇氏担任契丹可汗，是迭剌部耶律氏家族势力强大和契丹社会发展的必然结果。换句话说，是"时势造英雄，英雄造时势"的必然结果。进一步来说，是契丹社会的发展，需要新的领袖人物的出现，辽太祖正好适应了这种需要。

总之，"遗命说"也好，"推举说"也罢，迭剌部的耶律氏

家族经过8代人170余年的努力，终于取代遥辇氏执掌了契丹汗权。可以肯定的是，在汗权更迭过程中，并没有发生流血事件，基本上是和平过渡。

04

QI DAN JIAN GUO

神册元年春二月丙戌朔，上在龙化州，迭剌部夷离堇耶律曷鲁等率百僚请上尊号，三表乃允。丙申，群臣及诸属国筑坛州东，上尊号曰大圣大明天皇帝，后曰应天大明地皇后，大赦，建元神册。

《辽史》

1. 诸弟叛乱

辽太祖虽然是从遥辇氏手中"和平过渡"接过契丹汗权的，但这并不意味着平安无事，高枕无忧，正所谓树欲静而风不止。辽太祖心里自然清楚这一点，因此举行完柴册仪，成为契丹合法可汗后，采取了诸多措施来巩固自己的汗位。

毫无疑问，汗位的最大威胁来自于两个家族，即原来的汗族遥辇氏和新汗族耶律氏。

遥辇氏担任契丹可汗 170 余年，可谓是家大业大，即使不再担任契丹可汗，也是契丹诸显贵中的显贵。如同当年耶律氏（世里）把汗位让给遥辇氏一样，遥辇氏把汗位让给耶律氏，也并非心甘情愿，而是迫不得已，自然也在想着如何夺回汗权的问题。一句话，遥辇氏仍然是辽太祖汗位的最大威胁者。

对于这一点，辽太祖心里是有数的，因此首先对遥辇氏进行

了安抚，将自己的横帐列在遥辇氏九帐之后，称为十帐。

帐族是北方少数民族特有的组织，可汗即位后，将自己的亲族从本部族中独立出来升为横帐，相当于中原皇帝宗族，享有高于其他部族的特权。遥辇氏共有九人担任契丹可汗，因此有九个横帐，史称遥辇九帐。辽太祖担任契丹可汗后，自然也不例外，将自己亲族也升为横帐，但他并没有将自己的横帐凌驾于遥辇九帐之上，而是列于遥辇九帐之后称十帐。此举表明，一方面辽太祖是遥辇氏可汗的继承者，一方面遥辇九帐与辽太祖的横帐待遇一样。遥辇氏对于这样的安排，心里自然是平衡了许多。

辽太祖担任可汗后，耶律氏成为契丹汗族，如同大贺氏和遥辇氏一样，耶律氏家族诸显贵也都有担任契丹可汗的资格和机会，辽太祖自然也要遵守可汗三年一代制度，即每三年召开一次选汗大会，从耶律氏诸显贵中选举新的可汗。从这一点来说，耶律氏诸

显贵对汗权的威胁要远远地大于遥辇氏，对于这一点辽太祖心里自然也很清楚。因此，一方面对耶律氏汗族加大了管理力度，成立大惕隐司，以二弟剌葛为惕隐，专门管理汗族事务；一方面拜原迭剌部夷离堇辖底为于越，任命其子迭里特为迭剌部夷离堇，加以安抚；一方面组建了腹心部，以自己最为信任的曷鲁和萧敌鲁（汗后述律平之兄）为首领，加强自己的安全保卫工作等等。但是，汗权的诱惑力要远远地大于一切安抚，争夺汗权的斗争还是发生了。不过，辽太祖没有料到的是，首先起来与自己争夺汗权的竟是自己的手足兄弟们。

辽太祖有兄弟妹7人，一母所生兄弟妹6人，即二弟剌葛、三弟迭剌、四弟寅底石、五弟安端、妹妹余卢睹姑（《辽史》中并没有留下辽太祖妹妹的名字，有辽史研究者认为参与诸弟叛乱的余卢睹姑即为辽太祖的妹妹，本书采纳这一观点），同父异母弟苏。除苏因是庶生没有担任可汗的资格外，其他五兄弟都有担任可汗的资格，也都参与了汗权争夺。

剌葛在诸弟中居长，如果大哥阿保机受代可汗，他自然是汗位的第一候选人。不仅如此，他担任大内惕隐，在诸弟中权势最大，战功最显赫，对汗权的欲望也最强烈。辽太祖担任可汗三年期到没有提可汗受代的事情，他心里就有些犯嘀咕。又过两年，眼瞅着又到了第二个可汗受代年限，见大哥阿保机仍然没有受代的意思，就有些坐不住了。

辽太祖五年（911年），是辽太祖担任可汗的第五个年头。这一年里，辽太祖发动了征服奚族的战争，剌葛率本部人马也参加了这次征伐，并立下战功，回来后便与诸弟暗中商量可汗受代事宜。

辽太祖虽然没有履行可汗三年一选祖制，但并没有忘了这件事，而是在暗中注视着诸显贵的反应，因此剌葛诸弟图谋汗权的活动很快就被发现，被抓了起来。

如何处置诸弟图谋汗权事件呢？按照契丹籍没之法，谋逆首犯即剌葛诸弟要被处死，其家人要被籍为奴隶。但是，剌葛诸弟的行为并非完全属于谋逆，因为按照契丹可汗三年一代祖制，诸弟也有当可汗的资格，谋求可汗之位合理合法，以谋逆之罪论处，显然不能完全服众。不过，如果对诸弟图谋汗位的行为不进行惩处，不仅会纵容诸弟，而且还会促使其他觊觎汗位之人蠢蠢欲动，从而对汗权产生更大的威胁。那么，如何才能既惩处诸弟又震慑其他显贵呢？辽太祖是政治家，政治家总是有办法的。

这一天，辽太祖将诸弟带到一处山冈，设下香案，刑牲祭天，让诸弟对天发誓，不再谋取汗权。诸弟在刀架脖子的情况下，只好依言而行。

现在看来，这样的行为如同儿戏，但在当时却是非常郑重的事情。契丹人信奉萨满教，相信鬼神的存在和因果报应，非常重视

发誓。刑牲对天发誓，就是对天发誓，如果再图谋汗权，就会像牲畜一样被杀死。阿保机这样做，显然是想利用契丹原始的萨满教来打消诸弟图谋汗位的想法。

当然，辽太祖也不只是让诸弟对天发誓完事，而是对诸弟及部内显贵又进一步地进行了安抚和笼络。他任命二弟剌葛代替辖底之子迭里特出任迭剌部夷离堇，任命三伯父于越释鲁之子滑哥（杀害于越释鲁主谋）接替剌葛出任大内惕隐（释鲁家族是耶律氏诸家支中的显贵家族，辽太祖明知滑哥是杀害于越伯父的凶手，却给予提拔任用，这显然是安抚之策）。

但是，这样的安抚和笼络并没有取得预期效果，不仅诸弟对汗权没有完全死心，而且其他显贵也把眼睛瞄向了汗位，其中的代表人物是辖底和滑哥。

辖底是辽太祖二伯祖帖剌一支人中的显贵，当年他与于越释鲁合谋夺取兄长罨古只的夷离堇，致使释鲁招致杀身之祸，他

被吓得跑到渤海国躲了起来，待辽太祖被推举为迭剌部夷离堇稳定住形势后，他才又返回迭剌部。

辽太祖担任可汗后，为了安抚辖底一支人，拜辖底为于越，任命其子迭里特担任了迭剌部夷离堇。对于这样的安抚，开始的时候，辖底心里还是比较平衡的，可随着时间的推移，也禁不住汗权的诱惑，对汗位起了觊觎之心。他深知辽太祖雄才大略，很难从其手中夺取汗位，便暗中等待机会，准备从诸弟手中夺取汗权。当诸弟刑牲对天发誓不再谋取汗位，特别是自己儿子迭里特的夷离堇被剌葛取代后，便再也坐不住了，决定亲自出手。不过辖底老奸巨猾，并没有直接对辽太祖出手，而是躲在背后鼓动剌葛诸弟继续争夺汗位。

滑哥就是当年杀害自己亲生父亲于越释鲁的凶手之一。辽太祖在侦破三伯父释鲁被害案件时，就已经发现滑哥是凶手之一，只不过证据不足而没有治他的罪，但也时刻在防备着他，始终没有任命他担任什么官职。这次诸弟谋取汗位事件平息后，辽太祖为了安抚三伯父释鲁一支人，任命滑哥接替二弟剌葛出任大内惕隐。滑哥虽然在害父案件中逃过一劫，但他深知辽太祖已经抓到了自己的狐狸尾巴，也不敢再胡作非为，而是夹起尾巴做了几年人。但也正应了那句"江山易改，禀性难移"的话，滑哥担任大内惕隐后，也对汗位起了觊觎之心。如同辖底一样，他自知不是辽太祖的对手，也把心思用在了剌葛诸弟身上。

剌葛诸弟虽然刑牲对天发誓不再谋取汗位，但也经不住辖底、滑哥等诸显贵的撺掇，便又起谋取汗位之心。

第二年（912 年），即辽太祖担任可汗的第六个年头，亦是其担任可汗第二个任期（三年一个任期）最后一年。这年七月，辽太祖率大军征伐术不姑诸族，大获全胜后，命二弟剌葛率迭剌部兵马前去攻打平州（今河北卢龙），自己则率诸部人马缓慢回返。

剌葛率迭剌部兵马攻取平州后，自以为得到天助，在辖底、滑哥及诸弟的撺掇下，率兵径直到北阿鲁山下，想在辽太祖回军途中阻路，以兵逼辽太祖遵守可汗三年一受代祖制。辽太祖通过眼线，很快便知道了诸弟的计划。很明显，这是辽太祖担任可汗以来所遇到的最为严重的权力危机。

如果不答应诸弟的要求，双方就有可能兵戎相见；如果答应诸弟要求，辽太祖的汗权能否保住也是一个未知数。当时还有一个更为严重的问题，那就是诸部夷离堇就在军中，他们一旦参与汗权争夺，那么汗权是否还掌握在耶律氏手中暂且不说，还极有可能造成契丹八部解体或民族分裂。

对于这样严峻的局势，辽太祖心里自然是很清楚的。那么，如何来化解这次权力危机呢？

政治家的超人之处，就在于他们技高一筹，敢于用一般人所不敢用的手段，敢于做一般人所不敢做的事情。

辽太祖得知诸弟率兵在北阿鲁山阻路的信息后，严密封锁消息，命令大军改道而行，行至一个叫十七泺的地方时停了下来。经过一番准备，将诸部夷离堇召集到中军大帐开会，提出了可汗受代事宜。

诸部夷离堇原以为在行军途中召开会议，是商讨军事，没有想到辽太祖突然提出可汗受代事宜。再看看中军大帐周围，侍卫林立，警戒森严，顿时恍然大悟，这是辽太祖逼他们提前选举他连任可汗呀！在是保脑袋还是参与或争夺汗权的问题上，自然都选择了前者。于是，辽太祖在诸部夷离堇的簇拥下，立即举行柴册礼，提前继任契丹可汗（912 年 10 月）。

上文已经提到，柴册仪是遥辇氏阻午可汗创建的可汗即位仪式，如同中原皇帝即位举行登基仪式一样，新可汗一旦举行了柴册礼，就是契丹诸部合法可汗，任何人不得废立，否则就是谋逆，谋逆者及其家族都将受到严惩。

刺葛诸弟在北阿鲁山阻道，准备逼大哥阿保机退位，可等来等去，却等来了大哥阿保机提前举行可汗选举的消息，顿时都傻了眼。他们心里都很清楚，大哥阿保机举行了柴册礼，就是契丹合法可汗，任何人不得擅自废立，否则就是谋逆。为了保住脑袋，只好纷纷向大哥阿保机请罪。

对于诸弟以兵逼宫的行为，辽太祖充分显示出了人君之肚量和兄弟手足之情，允许诸弟改过自新，没有追究任何责任。

但是，辽太祖的宽容，也再次纵容了诸弟及耶律氏显贵们谋取汗权的行为。四个月后（913年3月），刺葛诸弟及辖底、滑哥等人趁阿保机在芦水行营之机，联络迭剌部、乙室部等部族显贵发动了更大规模的叛乱，想一举推翻辽太祖的统治。他们一方面在乙室堇淀为刺葛准备柴册礼；一方面派迭剌（辽太祖三弟）到

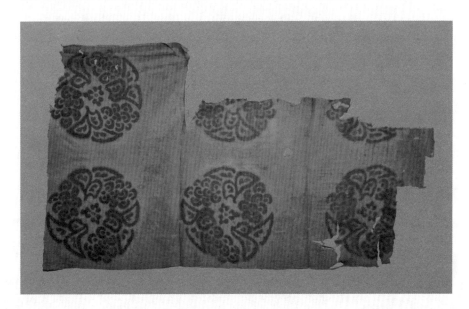

辽太祖行营伺机逼其退位，准备事情成功后，立即在乙室堇淀为刺葛举行柴册礼，推举其为契丹可汗。

迭刺刚到辽太祖行营，便被识破，在刀架脖子的情况下，将叛乱计划和盘托出。辽太祖没有想到事态会发展到如此严重的地步，立即做出了平叛决定，亲自率军到乙室堇淀捉拿刺葛等叛乱首领。

辽太祖的母亲萧岩母斤得到迭刺被抓的消息后，立即派人到乙室堇淀通知刺葛等人躲避起来。

刺葛正在乙室堇淀准备柴册礼，得到母亲派人送来的消息后，虽然心里害怕，但对汗权并没有死心，而是派四弟寅底石率领叛军杀向辽太祖行营，想趁其行营空虚之机夺取旗鼓及神帐（旗鼓和神帐是可汗权力的象征，意义与中原皇帝的玉玺同），然后逃往漠北以期东山再起。

辽太祖妻子述律平正在黑山（今赤峰市巴林右旗西北境赛罕汗山）行帐避暑，距离丈夫行营不远，得知叛军前来抢掠的消息后，立即派弟弟萧阿古只前往保护。寅底石自知不是萧阿古只的对手，扔下已经抢到手的旗鼓仓皇北逃。

刺葛等叛军在北逃途中，再次杀到西楼（今赤峰市巴林左旗辽上京），大烧大掠，焚毁明王楼等建筑后，向漠北方向逃去。

辽太祖分兵追击叛军，途中又抢回被叛军夺去的神帐。经过半年多的追捕，最终将刺葛和辖底等抓获，平息了叛乱，又经过一年多的处理，叛乱案件才告一段落。

这次叛乱是契丹族历史上最为严重的一次，不仅涉案人员达数万人，而且也给契丹社会造成了巨大的损失，光马匹就损失十之七八，个别部落甚至由于这次叛乱而解体，就连辽太祖母亲萧岩母斤、妹妹余卢睹姑也都参与了叛乱。

辽太祖母亲萧岩母斤参与叛乱与辽太祖妻子述律平家族崛起有关系。述律平父族本是回鹘人，回鹘汗国灭亡（840年）后留居契丹，并与迭剌部的耶律氏家族通婚。辽太祖的姑姑耶律氏先嫁给契丹乙室已部族萧氏为妻，生萧敌鲁等兄弟，后又改嫁给述律平父亲为妻，生述律平、萧阿古只等姐弟，由此辽太祖与述律平为表兄妹。述律平嫁给表兄辽太祖后，与几兄弟不仅在辽太祖率领契丹八部兵马东征西讨过程中屡立战功，而且为辽太祖攫取契丹汗权立下首功。辽太祖担任契丹可汗，册封述律平为汗后，其两兄弟萧室鲁（述律平同父异母兄长）、萧敌鲁（述律平同母异父兄长）为北府宰相，由此述律平家族迅速崛起，成为契丹社会显贵家族。

　　萧岩母斤的父亲即辽太祖外公，曾担任遥辇氏汗国北府宰相，说明其家族是遥辇氏时代强势家族，具有世选契丹汗国北府宰相的特权。按照这一特权，辽太祖担任契丹可汗后，这个家族即萧岩母斤家族、辽太祖舅族的女人应当为汗后，男人应当担任北府宰相之职。但辽太祖却册封述律平为汗后，她的两兄弟萧室鲁、萧敌鲁为北府宰相，其家族同时获得

世选北府宰相的特权。这样一来，萧岩母斤家族不仅多了一个竞争对手，而且有可能由此失去后权和北府宰相之权，这自然是她所不愿意看到的局面。因此与辽太祖诸弟或利用辽太祖诸弟来推翻辽太祖的汗权，以期保住或重新夺回自己家族的后权和北府宰相之权。

辽太祖一母所生兄弟妹 6 人，其中妹妹的名及事史籍不载。《辽史》载诸弟叛乱时，北府宰相萧实鲁及妻子余卢睹姑均参与叛乱。余卢睹姑"于国至亲"，因参与叛乱死于狱中（约 913 年—914 年间）。有研究者认为，余卢睹姑即辽太祖的妹妹，因参与叛乱被述律平毒死。余卢睹姑参与叛乱除受母亲影响之外，有可能与其丈夫北府宰相萧实鲁有关系。

萧实鲁《辽史》无传，族属不详，当为辽太祖母亲娘家人，辽太祖担任契丹可汗后，萧实鲁被任命为北府宰相（907 年），三年后（910 年）被萧敌鲁（述律平同母异父兄长）取代。余卢睹姑由此对大哥阿保机产生怨恨，与丈夫、母亲及诸兄弟联合起来图谋推翻辽太祖的汗位。萧实鲁在叛乱失败后自杀未遂，后不知所终，其妻子余卢睹姑在叛乱失败后被述律平毒死（2003 年在内蒙古通辽市科左后旗吐尔基山辽墓中发现一具契丹女尸，经科技部门鉴定年龄在 30 岁左右，体内有大量水银，推测是水银中毒而死，棺内随葬有许多萨满法器，据此有研究人员认为，此墓女主人即为辽太祖妹妹余卢睹姑）。

在处理叛乱案件过程中，辽太祖再次念及兄弟手足之情，只是让诸弟媳妇们替夫而死，赦免了诸弟死罪。二弟刺葛、三弟迭刺关几天禁闭释放，四弟寅底石、五弟安端打几板子了事。对其他叛乱人员惩处却非常严厉，叛乱首犯辖底、滑哥均被处投崖极刑，曾一次判刑6000余人，一次诛杀300余人等。

刺葛诸弟连续三年（911年—913年）叛乱以失败结束，但辽太祖的汗权并没有因此而稳固。相反，诸部夷离堇很快就站了出来，以兵逼宫，要求辽太祖交出汗权。

2. 盐池诛酋

辽太祖担任可汗时，契丹诸部落情况已经发生了很大的变化，就数量而言已经远远地超过了八部，但遥辇氏部落联盟时期八部仍是诸部中的强部，是契丹汗国的主体部落。

按照契丹原始的汗权世选制度，辽太祖担任契丹可汗后，汗权要在耶律氏家族中传承，其他七部夷离堇（迭刺部除外）只有选举而没有担任可汗的权利。但是，契丹汗权从遥辇氏家族传到耶律氏家族，毕竟是改朝换代，其他七部夷离堇自然也不愿放弃攫取汗权的机会，想借机恢复契丹原始的汗权推选制度，以便有机会攫取汗权。

按照契丹原始的选汗制度，辽太祖担任可汗之后，每三年要举行一次选汗大会，由八部夷离堇及部族显贵（长老）来推举新的可汗，或辽太祖连任，或从耶律氏显贵中新选。辽太祖担任可汗三年期满，没有召开选汗大会，七部夷离堇心里自然也很有意见。不过，他们多了一个心眼，见诸弟开始抢夺汗权，便来了个坐山

观虎斗，想从中渔利。当诸弟叛乱被平息后，七部夷离堇有些坐不住了。原因也很简单，他们从诸弟谋取汗位被镇压这一事件中，看出辽太祖绝不会自动放弃汗权，而是想把持汗权不放，要想让辽太祖履行可汗选举程序，抑或是要想获取汗权，就必须主动出击。于是他们决定联合起来，以兵逼辽太祖交出汗权。

辽太祖九年（915年），即诸弟叛乱被平息的第二年，亦即辽太祖担任可汗的第九年，又是一个可汗受代年份。七部夷离堇联合起来，在辽太祖征伐乌古部回军途中，以兵阻路，要求辽太祖受代。

对于七部夷离堇以兵逼宫，辽太祖并没有采取硬性措施，而是痛快地答应了他们的要求，交出了象征可汗权力的旗鼓，卸去了可汗一职。很显然，辽太祖这样做并不是害怕七部夷离堇，而是对形势有着清醒的认识。

七部夷离堇与诸弟不同，按照契丹原始的选汗制度，他们有选举和担任可汗的权利，提出可汗受代要求，合情合理合法，辽太祖不答应是没有任何理由的。假如辽太祖不答应七部夷离堇要求，双方就有可能兵戎相见，而诸弟叛乱已经给契丹族造成了巨大的损失，迭剌部的损失又是最大，双方一旦动起手来，吃亏的肯定是迭剌部不说，弄不好还会造成契丹部落联盟解体，后果不堪设想。退一步来说，迭剌部虽然在诸弟叛乱中遭受了巨大损失，但仍然是八部中的强部，对新可汗的意见举足轻重，如果迭剌部不同意召开选汗大会，其他七部很难在短时间内召开选汗大会，这样一来，就给辽太祖留出了时间，可以充分谋划重新夺回汗权之计策。

事情的发展正与辽太祖所预料的那样，七部夷离堇见辽太祖痛快地交出了旗鼓，卸去可汗一职，并没有急着召开选汗大会选举新的可汗，从而使契丹汗国出现了暂时的权力真空。

　　辽太祖卸去可汗一职后，并没有居住在西楼或迭剌部，而是带领这些年来攻掠燕云地区所俘获的汉人到炭山古汉城自为一部。

　　炭山古汉城（今河北省古源县境内）位于滦河上游，盛产食盐，矿产资源丰富，适宜种五谷，本是奚族聚居地区，辽太祖征服奚族后据为己有，并修葺旧城，安置俘户，发展农业、盐铁，从而使炭山古汉城成为契丹腹地比较发达的市易场所。辽太祖来到古汉城时，这一地区已经聚居了大量的汉人，这些汉人或从燕云俘获而来，或从燕云逃难而来，他们在这里建屋居住，娶妻生子，农耕为业，早已乐不思归。

　　辽太祖在古汉城谋划如何在选汗大会上重新夺回汗权，妻子述律平为他献上一条釜底抽薪之计。

　　述律平从小聪明伶俐，办事果断，关于她还有一个传说。说她曾经到潢河与土河交汇处春游，有一青牛妪（即契丹族源传说中驾青牛车的天女的化身）见到她后，急忙避路。这个传说显然是在说述律平非常厉害，就连契丹族的"女祖"即驾青牛车的天女见到她都得让路。传说虽然不可信，但述律平确实是女中豪杰，嫁给辽太祖初期，经常跟随丈夫出征，巾帼不让须眉，她

从所俘虏的人口中挑选有一技之长的人组建了一支私人军队，取名为属珊军，是契丹初期非常有战斗力的部队。后来夫妻两人有了分工，辽太祖率兵外出征伐，述律平镇守大本营。有一次黄头和臭泊两室韦部乘辽太祖率兵出征之机，前来偷袭迭刺部大本营，述律平临危不惧，指挥得当，将两室韦部击溃，从此威震诸部。

述律平认为丈夫借选汗大会之机重新夺回汗权的办法，并不是根本之策。因为辽太祖即便是重新被选举为可汗，那三年之后还要重新选举，汗位并不牢固。因此，她建议丈夫杀掉七部夷离堇，以兵统一八部，这样就不会再有人敢提可汗受代的事情了。

辽太祖欣然接受了妻子的建议，并在如何诛杀七部夷离堇的问题上动了一番心思。如果分头秘密诛杀，也难免会走漏消息，引起不必要的麻烦；如果以兵诛杀，胜负难料不说，弄不好还会引起契丹内乱。思来想去，辽太祖想到了一个比较安全的办法，那就是把七部夷离堇调到古汉城，远离本部落，然后集中诛杀。

经过一番准备后，辽太祖派人对七部夷离堇说，你们都吃汉城产的食盐，难道忘了食盐是有主人的吗？你们都应该来犒劳我。原来，契丹缺少食盐，八部都吃古汉城产的食盐（这也是辽太祖选择古汉城自为一部的主要目的，即控制契丹盐源）。辽太祖的意思很明确，你们都吃古汉城的食盐，而我是食盐的主人，你们应该来犒劳我，如果你们不来犒劳我，以后就别再想吃这里的食盐了。这一手软硬兼施之策，果然奏效。

七部夷离堇接到辽太祖的通知后，觉得辽太祖的要求也并不过分，吃人家的食盐，犒劳犒劳人家也是应该的。于是，相约带着大量的酒肉来到古汉城。辽太祖摆设丰富酒宴，热情地招待了七部夷离堇，乘七部夷离堇吃醉之机，一声令下，侍卫们蜂拥而上，将七部夷离堇杀掉。随后，辽太祖以兵复统八部。

3. 开国称帝

辽太祖诛杀七部夷离堇复统八部后，雄心勃勃，想再创一番伟业，这时汉臣韩延徽等建议辽太祖仿效中原开国称帝。

韩延徽是幽州人，自小聪明好学，颇有才气，经常跟随在幽州府为官的父亲出入幽州各衙门，深得幽州节度使刘仁恭的喜爱，长大后也进入幽州府为官，由于才思过人，被时人称为幽州才子。刘守光囚父刘仁恭自称燕王（907年），韩延徽又在刘守光手下为官，也深得重用。刘守光执政后期势衰，屡屡受到晋王李存勖（李克用长子，908年正月李克用病逝后，袭父晋王位）的攻击，为图自保，便派韩延徽到契丹请求援助（911年左右）。韩延徽见到辽太祖后，不卑不亢，只是长揖一礼，没有行叩拜大礼。时值辽太祖正受到剌葛诸弟图谋汗位事件的困扰，无心理会刘守光求援之事，见韩延徽又如此傲慢，不禁恼怒，不但没有答应刘守光的请援要求，而且把韩延徽扣下，让他去放马。妻子述律平得知这一消息后，对丈夫阿保机说，韩延徽如此行为是有气节的表现，是一个难得的人才，为什么让他去放马而羞辱他呢？她劝丈夫礼贤下士，重用韩延徽一起来治理国家。

辽太祖心里也清楚韩延徽是一个人才，只是一时恼怒才让其去放马，听了妻子的劝谏后，便召见韩延徽询问治国之道，韩延徽一一作答，甚合辽太祖的心意，辽太祖便劝其留在契丹，辅佐自己治理国家。

韩延徽在幽州府为官多年，深知刘仁恭、刘守光父子成不了什么大事，见辽太祖如此谦恭诚恳，便留了下来。时值诸弟连续谋乱，韩延徽便帮助阿保机分析原因说，这是契丹原始的选汗制度所致，由于契丹可汗三年一代，诸部酋长和显贵又都有选举和担任契丹可汗的权利，所以才造成了汗位不宁，诸酋争权的现象发生。接着进一步宣传说，中原的皇帝没有替代规矩，一个人说了算，所以皇位比较稳定，少有争夺皇权的现象发生。很明显，韩延徽是在向辽太祖灌输汉化思想，劝其称帝。

其实，辽太祖早就向往中原帝制了，而这一想法显然是受到汉文化的影响，但对他汉化思想影响较早的并不是韩延徽，而是韩知古和康默记两人。

韩知古是蓟州玉田人，六岁时被述律平的兄长俘获到述律平家中，后又作为述律平的陪嫁奴隶来到辽太祖家中。韩知古是一个善于谋事而又有大志的人，曾因得不到辽太祖的重用，才能得不到发挥而离开辽太祖家，想到外面干一番事业，结果在外面闯荡一段时间后，因没有找到用武之地而又返回辽太祖家里。辽太祖并没有因为韩知古私自离开自己而责怪他，反而通过这件事了解到韩知古是一个想做事又善于谋事的人，因此加以重用，倚为

谋臣。

康默记原来是蓟州府的一名衙校，辽太祖率兵攻掠幽蓟地区时将其俘获，爱其才干而留在身边，倚为谋臣，一切蕃汉相涉事务都交给康默记来处理。

韩知古、康默记早于韩延徽进入契丹社会，是契丹建国初期汉臣中的代表人物，辽太祖开国后，为了表彰对自己开国有功的人员，嘉奖了 21 名蕃汉开国功臣，亦称佐命功臣，两人都在其列。由此可见，韩知古、康默记是对辽太祖开国称帝有巨大贡献的人，对辽太祖汉化思想的影响也要早于韩延徽。

当然，在契丹建国初期进入契丹社会的汉族知识分子绝不在少数，韩知古、康默记、韩延徽只是其中影响力比较大的三人，亦即只是众多汉族知识分子中的代表人物，这些汉族知识分子在契丹建国过程中发挥了重要的作用，对以辽太祖为代表的契丹贵族的汉化思想有着直接而重大的影响。

辽太祖雄才大略，志向非凡，在韩知古、康默记、韩延徽等汉族知识分子的影响下，很快就接受了汉化思想，担任夷离堇时（901—906 年）便开始在契丹腹地建筑寺院，如在建筑龙化州的同时，便建筑了开教寺（902 年），后又建筑了大广寺，在契丹社会传播佛教思想，以教化契丹民众。既然推崇汉文化，自然也向往中原的封建帝制，但辽太祖在即位契丹可汗时，并没有直接称帝，而是采取了迂回之策。这是辽太祖的明智之举，他心里清楚，

契丹人不同于中原的汉人，契丹可汗三年一代制度已经实行了数百年，在契丹人心中根深蒂固，如果贸然称帝有可能适得其反，造成契丹内乱。因此，他在从遥辇氏手中接过契丹汗柄，燔柴告天，即契丹可汗位时，给自己上尊号为天皇帝，妻子述律平上尊号为地皇后（这显然就是受到了中原帝制的影响），先向中原君主集权制度迈进一大步。担任可汗后更是不提可汗三年一代的事情，造成事实上的君主集权制（即可汗不受代）。诸弟起来图谋汗位，他先是安抚后是镇压，对图谋汗位的人以叛乱罪加以严惩，当妻子述律平向他提出诛杀七部夷离堇之策，他毫不犹豫地采纳，立即诛杀了七部夷离堇等等，所有的这一切，其实就是在一步一步地向中原帝制过渡。

韩延徽通过与辽太祖的接触，知道其是一个值得辅佐的明主，因此在不断向其宣传汉化思想的同时，也在等待着合适的时机，再劝辽太祖称帝。当诸弟叛乱被平息，七部夷离堇被诛杀，契丹社会中的守旧势力被清除后，韩延徽认为辽太祖开国称帝的时机已经成熟，于是建议辽太祖乘诸部群龙无首之机，仿效中原封建帝制开国称帝。

辽太祖诛杀七部夷离堇的目的，就是想仿效中原帝制，永久地执掌契丹领导权，因此欣然接受了韩延徽等人的建议，决定开国称帝。

经过一段时间的准备后，辽太祖于公元916年春二月，在龙

化州城东高岗处，筑坛称帝，国号大契丹，年号神册，上尊号曰大圣大明天皇帝，妻子述律平上尊号曰应天大明地皇后，册封长子耶律倍为皇太子，设置衙府，任命百官，契丹帝国正式建立。

契丹遥辇氏部落联盟已经具有了汗国的性质，但史籍仍称其为部落联盟。辽太祖从遥辇氏手中接过汗权（907 年）至其建国（916 年）的 10 年间，契丹部落联盟性质发生了质的变化，在政权机构、职官设置及民族成分上都增添了许多新的内容，因此这一时期不再称部落联盟而称契丹汗国。亦因此，辽太祖虽然是 916 年正式开国称帝，但契丹国家建立时间应当上推 10 年，即从辽太祖担任契丹可汗（907 年）时算起。

4. 析分皇族

辽太祖虽然是仿效中原封建帝制开国称帝的，中原传统的皇帝制度中的上尊号、置后宫、立皇储三项基本内容也完全齐备，但是契丹国家毕竟是从汗国体制，甚或是部落联盟体制中脱胎出来的，不可避免地残留有一些旧体制的东西，特别是皇权传承问题，不是靠立储就可以实现的。辽太祖心里当然也很清楚这一点，为了真正实现皇权在自己子孙中传承，他围绕着皇权传承做足了文章。

废除部落首领世选制

上文已经提到，契丹原始的部落首领选举制度是推举制，主要内容是部落联盟长（可汗）及八部首领每届任期为三年，届满由部落显贵推举部落首领，八部首领推举部落联盟长。到了大贺氏和遥辇氏部落联盟时期，推举制变成了世选制，主要内容是部落联盟长（遥辇氏部落联盟称可汗）及八部首领（遥辇氏部落联盟称夷离堇）每届任期仍为三年，届满由八部显贵推举部落首领，八部首领从大贺氏和遥辇氏家族中选举部落联盟长（可汗）。由此不难看出，推举制也好，世选制也罢，其中一项很重要的内容就是各部落首领由各部落显贵选举，可汗无权干涉。

很明显，这种世选制度严重分散和弱化了可汗的权力，即可汗对八部首领没有任命权，管理权自然也就受到限制。辽太祖早就发现了这种部落首领世选制度的弊端，因此在担任契丹可汗后，开始逐渐淡化这种世选制度。他在担任契丹可汗的 10 年间，在有意不履行可汗三年改选制度的同时，先后任命迭里特（907 年）、二弟刺葛（911 年）、曷鲁（914 年）为迭剌部夷离堇，从而将迭剌部首领的世选制度变成了事实上的任命制。契丹建国后，辽太祖更是借诸部群龙无首之机（七部酋长在盐池被诛杀），将诸部夷离堇由诸部显贵世选改由皇帝任命。辽天赞元年（922 年），即契丹建国第七年，辽太祖将国内部落整顿和重组为 20 部，除迭剌部（时析分为五院部和六院部）和乙室部（原与迭剌部为一部，遥辇氏部落联盟建立初期一分为二）首领仍称夷离堇外，其他诸部夷离堇改称令稳，各部落首领全部由皇帝任命，从而一举废除了部落首领世选制，契丹原始的"部落酋长议事制度"也随之不复存在。

辽太祖废除部落首领世选制度意义重大，一方面加强了中央集权制，突出了皇帝权威；一方面废除部落首领世选制，实际上就是废除了皇帝（可汗）世选制，为确立皇权世袭制扫清了障碍。

虽然说终辽一世，部落首领及契丹原有的职官如北、南宰相等仍然存在着世选制度，即某一家族有世选某一职官的特权，但由谁来担任部落首领或某职官却是皇帝说了算。也就是说，这种世选制在某种程度上只是一种形式和荣誉罢了。

析分迭刺部

俗话说，水能载舟，亦能覆舟。辽太祖依靠实力强大的迭刺部从遥辇氏手中夺取汗权，但是汗权的最大威胁也来自于迭刺部。因此，辽太祖担任契丹可汗后，便开始考虑削弱迭刺部势力的问题。不过，迭刺部毕竟是辽太祖的根本，显然是不能轻易动摇的。所以辽太祖并没有立即行动，而是寻机待时，准备时机成熟时再采取措施。诸弟叛乱被平息后，辽太祖曾动议将迭刺部一分为二，以弱其势。但是，紧接着七部夷离堇以兵逼宫，辽太祖被迫放弃汗权，析分迭刺部事宜也再次搁浅。契丹建国后，辽太祖再次动议将迭刺部一分为二，不料在谋划过程中，曷鲁和萧敌鲁在皇都建成的当年（918 年）相继病逝。

曷鲁是耶律氏家族中对辽太祖帮助最大的人，萧敌鲁是述律氏家族中对辽太祖帮助最大的人，两人可谓是辽太祖的左膀右臂，

不料却在不到半年的时间里相继病逝，对于辽太祖的打击是可想而知的，他怎么可能在痛失臂膀的情况下，再析分迭刺部而动摇自己的根本呢？因此他不得不再次放弃析分迭刺部的行动。但是，辽太祖并没有放弃析分迭刺部的想法，他随即任命曷鲁之弟耶律觌烈出任迭刺部夷离堇，萧敌鲁之弟萧阿古只（述律平胞弟）出任北府宰相，两年后（921 年）又任命六弟耶律苏出任南府宰相（南府宰相一职多由乙室部人来担任，在诸弟叛乱过程中，乙室部显贵因参与叛乱多被处死，南府宰相暂由楮特部人兼任，耶律苏是耶律氏皇族担任南府宰相第一人，自此至辽终，南府宰相多由耶律氏皇族担任），从而将南宰相府也控制在自己手中，析分迭刺部的时机终于成熟。

辽天赞元年（922 年），辽太祖将迭刺部分为五院部（亦称北院部）和六院部（亦称南院部）。力合则强，力分则弱。迭刺部一分为二，势力削弱，从而减小了对皇权的威胁。

在析分迭刺部的同时，阿保机将国内诸部落整顿重组为 20 部，即：乙室已部、拔里部、五院部、六院部、乙室部、品部、楮特部、乌隗部、涅剌部、突吕不部、突举部、奚王府六部、突吕不室韦部、涅剌拏古部、迭剌迭达部、乙室奥隗部、楮特奥隗部、品达鲁虢部、乌古涅剌部、图鲁部。

以上部落中，五院部、六院部、乙室部为大部，其首领仍称夷离堇，辽太宗朝改称大王，其他部落首领改称令稳。

这些部落是契丹国家的主体部族。随着时间的推移，契丹国势的增强，契丹国家主体部族数量也不断增加，辽圣宗时为 32 部，最盛时达 52 部。

析分皇族

迭剌部是辽太祖七世祖涅里以耶律氏家族为核心所组建的部落，按照惯例，辽太祖担任契丹可汗后，迭剌部的耶律氏家族便成为契丹汗族，辽太祖开国称帝后，迭剌部的耶律氏家族便由汗族转变为皇族。不过，迭剌部耶律氏家族经过八代人（涅里至阿保机为八代人）的传承，可谓是家大业大，支系繁多，如果全部转为皇族，即使是一分为二，也是一个庞大的群体，仍然对皇权产生着威胁。为此，辽太祖在将迭剌部一分为二的同时，仿效中原的五服之说，只是将四世祖耨里思家支析为皇族，其他耶律氏人全部剔除在皇族之外。

皇族又具体析分如下：耨里思共有四子，第二子萨剌德（辽太祖曾祖）之三子匀德实（辽太祖祖父）家支以外的家支列为五院部皇族（亦称北院皇族）和六院部皇族（亦称南院皇族），统称为二院皇族。匀德实家支列为横帐三父房皇族，具体来说，匀德实有四子，长子无后，次子严木一支列为孟父房皇族，三子释鲁一支列为仲父房皇族，四子即辽太祖父亲撒剌的有六个儿子，辽太祖为长子，自身一支称横帐，剌葛、迭剌、寅底石、安端、苏五兄弟列为季父房皇族。这一帐三父房皇族也统称为横帐皇族或四帐皇族。

析分迭剌部和皇族是契丹建国后的一次重大事件，是契丹汗权世选制向皇权世袭制的一次全面过渡，其实质是强干弱枝。迭剌部一分为二及析分皇族后，耶律氏皇族被划分为三个层次，第一层次是横帐皇族，即辽太祖嫡系子孙，属于皇权继承范围，可以直接继承皇权；第二层次是三父房皇族，即辽太祖两个伯父和五个兄弟七支系，是近支皇族，属于皇权势力，没有直接继承皇权的权利；第三层次是二院皇族，即北院和南院皇族，是远支皇族，属于皇亲范围，远离皇权。不难看出，通过这样的析分，辽太祖将汗权世选制彻彻底底地变成了皇权世袭制，从而确保了皇权在自己嫡系子孙中传承。

辽太祖在将自己家支升为横帐的同时，还将妻子述律平家支从本部族中独立出来升为帐族，称为国舅帐。

这次析分皇族，还达到了契丹国内几股较大政治势力间的掣肘，即《辽史》中所谓的辽太祖有英雄之智者三：任国舅以耦皇族，崇乙室以抗奚王，列二院以制遥辇。

5. 建筑皇都

仿效中原开国称帝，当然也要同中原皇帝一样具有固定的皇都。因此，辽太祖开国称帝后，就开始筹划建筑皇都。

辽太祖开国称帝前，有两个政治中心，分别称西楼和东楼。这里的"楼"并非严格意义上的两层以上楼阁式建筑，而是对契丹可汗政治中心的称谓。

西楼（今赤峰市巴林左旗），是迭剌部耶律氏家族世居领地及发祥地，辽太祖及其四世先祖均出生在这里。耶律氏家族祖祖孙孙8代人，以这里为大本营，奋发图强，蓄势待时，最终取代遥辇氏执掌契丹汗权，进而建立契丹国家。辽太祖在攫取汗权之前便在这里建筑了龙眉宫（903年左右），作为自己的议事场所，担任契丹可汗后，又在这里相继建筑了明王楼（908年，在诸弟叛乱中被焚毁）、开皇殿（914年，在明王楼废基上建筑而成）作为议事场所。为了与东面的另一政治中心龙化州相对应，称这里为西楼。

东楼，即龙化州，位于潢河（今赤峰境内西拉木伦河）与土河（今赤峰境内老哈河）交汇处。这里是契丹始祖奇首可汗故地，被契丹人称之为"龙庭"，同时这里也是遥辇氏汗国的政治中心。辽太祖担任迭剌部夷离堇兼契丹八部兵马统帅（901年）后，进入遥辇氏汗国决策层，开始参与汗国军政事务决策，遂于第二年（902年）在"龙庭"建筑了龙化州（今通辽市奈曼旗西孟家段古城），作为自己处理汗国事务的场所。由此辽太祖便有了两个政治活动中心，一个龙化州称东楼，一个世居领地称西楼。

这"两楼"在辽太祖开国称帝前的作用各有侧重。西楼是耶律氏家族世居领地、发祥地、褥要之地，是辽太祖攫取汗权前的

主要政治活动中心，辽太祖的"夺权"活动主要就是在这里进行的；东楼是辽太祖参与汗国事务的政治中心，是辽太祖担任契丹可汗至开国称帝10年间的主要议事场所，辽太祖最终在这里筑坛开国称帝。

从史籍记载来看，西楼的名声要大于东楼。辽神册二年（917年），辽太祖率兵攻打幽州城，李嗣源（即后唐明宗）率兵增援幽州，在与契丹兵马交战时便大声喊道："你们无缘无故地侵扰我们的国境，晋王（李存勖）命令我率领百万大军要直攻到你们的老巢西楼，把你们的种族消灭。"由此可见，西楼作为契丹政权的政治中心，已经被中原政权所熟知。

很明显，这"两楼"是建筑皇都的最佳地点。最终，辽太祖选择在西楼建筑皇都。

辽太祖选择在西楼建筑皇都，除这里是耶律氏祖籍地之外，有可能还出于安全方面的考虑。那就是，龙化州是契丹靠近渤海国最近的城池，如果把皇都建在这里，不能不考虑来自渤海国的威胁，而西楼距离渤海国较远，则要安全得多。

辽神册三年（918年），辽太祖命汉臣康默记为版筑使，开始在西楼营建皇都。

契丹人的工作效率是令人叹服的，只用了100天的时间，便完成了皇都城的主体建筑。整座皇都城按照契丹人崇东尚左（北）习俗坐西（偏北）朝东（偏南），北、东、南三面城墙均为直线，西城墙南北两端内折，使整座皇都城形成椅状。辟有四门，北门曰拱辰，西门曰乾德，东门曰安东，南门曰大顺。

契丹皇都是中国北方草原上出现的第一座大都市，在北方少数民族历史上具有划时代的意义。

契丹建国前，匈奴民族、鲜卑民族、柔然民族、突厥民族、

回鹘民族等都曾在大漠草原上建立过强大的草原帝国，但是，这些草原帝国都没有建筑固定的皇都。可汗也好，皇帝也罢，都没有固定的居所，一年四季游弋不定，因此这些草原帝国也往往被称为行国。契丹皇都城的营建，使契丹国家兼有了行国与城国的特点，从而改变了游牧政权单一的行国性质。

契丹皇都城的营建改变了北方游牧民族传统的生产生活方式，促进了北方游牧民族社会的多元化和进步，增进了民族间的融合和认同感。契丹皇都的营建，不仅吸引大量的汉族知识分子进入契丹政权为官，而且吸引汉、渤海及其他民族的人来这里经商贸易、安家落户，使契丹社会出现了大量的汉城、农业产业、手工业、工商业等等，从而改变了游牧民族单一的畜牧生产（包括生活）方式，促进了游牧民族社会的进步，增进了民族间的认同感。

契丹皇都的营建对后来游牧民族建立政权提供了"蓝本"。如女真人（金朝）在迁都北京前便营建了皇都（即金上京，今黑龙江省阿城），蒙古人（元朝）在入主中原、定都北京前也营建了皇都（即元上都，今内蒙古正蓝旗境内），满族人（清朝）入主中原、定都北京前也营建了皇都（即清盛京，今辽宁省沈阳市）。

6．创制文字

契丹族建国前没有文字，"刻木为契""传箭为号"。契丹建国后，创制文字成为必然，被提到议事日程。

契丹建国时，国内民族成分非常复杂，契丹、汉、渤海、室韦、乌古、突厥、回鹘、吐浑、术不姑、沙陀等众多民族杂居，语言文字自然也各不相同。

辽天赞三年（924 年），辽太祖西征至回鹘城，曾命人用"契

丹、突厥、汉字纪其功"，说明契丹文字创制完成之前，至少使用突厥和汉两种文字。另外，契丹曾在回鹘汗国统治下生活近百年，回鹘汗国（744—840年）灭亡后，一部分回鹘人留居契丹社会并融入契丹民族中。因此，契丹建国时，民间亦有部分人在使用回鹘文字。

契丹建国时国内民族虽然众多，但大体上可分为两部分，一部分是以契丹族为代表的游牧民族，一部分是以汉族为代表的农耕民族。

在语言文字方面，游牧民族为阿尔泰语系，没有文字或部分使用突厥文字和汉语言文字；汉族、渤海族使用汉语言文字。也就是说，契丹建国时，国内大致存在着两种语言和文字，即：汉语言文字和阿尔泰语系突厥文字，把哪种语言文字作为官方语言文字呢？最终，契丹统治者们选择依照汉文字来创制契丹文字。

契丹统治者们依照汉文字来创制契丹文字是历史的必然，亦即是契丹国家、契丹民族的必然选择。

契丹建国前，汉语言文字的使用，在契丹社会就已经占有相

对的优势。一方面,契丹族自独立登上历史舞台(388年)至建国(916年)的500余年间,始终与中原政权保持着密切联系,契丹统治者及一些贵族通晓或能够熟练使用汉语言文字,例如辽太祖长子耶律倍,不仅能用汉文字作诗写文章,而且精通中原的阴阳、音律、医药、针灸、绘画等知识。一方面,中原先进的物质、文化文明,对契丹统治者及贵族具有极大的吸引力和诱惑力;一方面,辽太祖在担任契丹可汗时,便有汉族知识分子为其出谋划策,契丹建国后,这部分汉人群体又进入契丹政权机构,成为契丹统治者们治理国家的重要力量;一方面,契丹建国时,契丹本土已经建筑有大量的汉城,居住和生活着大量的汉人和渤海人,这些人是当时先进生产力的代表,是推动契丹社会发展和进步的有生力量。

也就是说,契丹建国时,汉语言文字已经被契丹官方和民间普遍使用,汉文化已经不可逆转地渗透到契丹社会各个领域,并逐渐成为契丹社会的主流文化。这是不以契丹统治者们个人意志为转移的,是契丹民族历史发展的必然。

辽神册五年(920年),辽太祖下诏,命耶律突吕不和耶律鲁不古依照汉文字创制契丹文字。由于汉语言文字早已在契丹社会普遍使用,因此耶律突吕不和耶律鲁不古在韩延徽等汉族知识分子帮助下，只用了9个月的时间，便创制出了契丹文字，称契丹大字。后来辽太祖三弟迭剌又借助回鹘文对契丹大字进行改造，创制了契丹小字。因此，契丹文字有大、小两种文字。

契丹大字借用汉字偏旁或增减汉字笔画或直接借用汉字创制而成，有3000余原字；契丹小字借助回鹘文原则对契丹大字改造而成，有300余原字（一说为500余发音符号）。

契丹大、小字创制完成后，契丹统治者们并没有封杀其他语言文字，而是下诏契丹大、小字与汉语言文字并行，同为契丹国家官方语言文字。

契丹文字的创制和使用，极大地促进了契丹社会的进步，也促进了中原文化与草原文化的交流。

7. 蕃汉分治

契丹建国时，国内民族众多，根据生产方式和生活习俗，大体上可分为游牧民族和农耕民族两大部分。那么，如何将这些生产方式、生活习俗不相同的民族统一在一个政权之下呢？辽太祖不愧为杰出的政治家，他创造性地制定了一个前无古人的治国方略——蕃汉分治。

在政权机构设置上，契丹等游牧民族由北、南宰相府等固有管理机构管理；在中央一级设置汉儿司，任用汉人为最高职官，专门负责管理汉人等农耕民族。简而言之，游牧民族由游牧民族的人管理，农耕民族由农耕民族的人管理，因俗而治，各得适宜。汉儿司后来发展为辽王朝南面官中最高机构汉人枢密院或南枢密院，为辽王朝实行北、南面官双轨制奠定了基础。

在法律适用上，契丹等游牧民族人犯罪，适用"治契丹与诸

夷之法"（921年制定）和习惯法；汉人等农耕民族犯罪适用《唐律》《唐令》。契丹建国前，因为没有文字，所以没有成文法，族人犯罪只能量其轻重而罚之，称之为习惯法。契丹文字创制完成后，辽太祖下诏制定成文法，考虑到汉族与游牧民族习俗不同，只制定了"治契丹与诸夷之法"，适用于游牧民族，汉族仍然适用《唐律》《唐令》。

在管理体制上，契丹等游牧民族实行部族制，即"分地而居，合族而处"，汉族等农耕民族则实行州县制。

辽太祖所制定的蕃汉分治方略，经辽太宗创新和完善，形成契丹辽王朝因俗而治国策。这一国策是契丹民族的一个伟大创举，成功地解决了多民族聚集所产生的诸多矛盾。

8. 著姓耶律、萧

关于契丹姓氏，《辽史》和《契丹国志》均有涉及。《辽史·国语解》载"本纪首书太祖姓耶律氏，继书皇后萧氏，则有国之初，已分二姓矣。有谓始兴之地曰世里，译者以世里为耶律，故国族皆以耶律为姓。有谓述律皇后兄子名萧翰者，为宣武军节度使，其妹复为皇后，故后族皆以萧为姓。其说与纪不合，故陈大任不取。又有言以汉字书者曰耶律、萧，以契丹字书者曰移刺、石抹，则亦无可考矣"。《辽史·后妃传》载"太祖慕汉高皇帝，故耶律兼称刘氏；以乙室、拔里比萧相国，遂为萧氏"。《契丹国志》载"契丹部族，本无姓氏，惟各以所居地名呼之，婚嫁不拘地里。至阿保机变家为国之后，始以王族号为横帐，仍以所居之地名曰世里著姓。世里者，上京东二百里地名也。今有世里没里，以汉语译之，谓之耶律氏。复赐后族姓萧氏"。

以上史料将契丹姓氏的来龙去脉说得很清楚，但由于契丹全族只有"耶律"和"萧"两姓，因此今人对契丹姓氏来源还是颇感兴趣，仁者见仁，智者见智，各说不一，目前尚无统一定论。

关于契丹姓氏，应当以《辽史》和《契丹国志》记载为准。综合而言，契丹姓氏与居住地名、儒家文化、婚姻习俗有直接关系。

中国古代东北地区少数民族的部族名称和姓氏多与所居之地的地名、山水之名有密切联系，契丹民族自然也不例外。

早期的契丹族没有姓氏，常以所居地名呼之。契丹建国后，契丹文字创制颁行（920 年），为契丹人著姓提供了条件。

辽道宗咸雍二年（1066 年），辽朝著名文学家耶律庶箴曾上书请求增加本国姓氏："我朝创业以来，法制修明；惟姓氏止分为二，耶律与萧而已。始太祖制契丹大字，取诸部乡里之名，续作一篇，著于卷末。臣请推广之，使诸部各立姓氏，庶男女婚媾有合典礼。"辽道宗"以旧制不可遽厘，不听"。即辽道宗以旧制不可急于改变没有同意。由此可知，契丹族建国前是没有姓氏的，契丹大字创制完成（920 年）后，始以所居地名著姓，并附于契丹大字"字典"后备案。

辽太祖家族世居一个叫"世里"的地方，因此以"世里"著姓。关于"世里"地望，也是史学界关注的一个话题。有研究者认为"世

里"是"西剌（拉）"的异译，即"世里"是指今赤峰市境内西拉木伦河（辽代称潢水、潢河），亦即辽太祖家族是以西拉木伦河著姓，西拉木伦河汉译为黄色的河，"世里氏"、"迭剌部"即"潢河氏族"、"潢河部"之意。此说尚有商榷的必要，关于世里地望应以史籍记载为准。

《辽史·国语解》载"有谓始兴之地曰世里，译者以世里为耶律，故国族皆以耶律为姓"。《辽史·太祖本纪》载"太祖大圣大明神烈皇帝，姓耶律氏，讳亿，字阿保机，小字掇里只，契丹迭剌部霞濑益石烈乡耶律弥里人"。《辽史·地理志》载"祖州，天成军，上，节度。本辽右八（大）部世没里地。太祖秋猎多于此，始置西楼。后因建城，号祖州。以高祖昭烈皇帝、曾祖庄敬皇帝、祖考简献皇帝、皇考宣简皇帝所生之地，故名"。由此可知，辽太祖家族始兴之地世里，即是辽祖州，亦即今赤峰市巴林左旗石房子附近。这里是辽太祖及四世祖先的出生地，世里（耶律）氏祖孙几代人就是以这里为大本营，最终夺取契丹汗权，进而建立契丹国家。

《契丹国志》载"世里者，上京东二百里地名也。今有世里没里，以汉语译之，谓之耶律氏"。有研究者根据此条史料，认为世里为今西拉木伦河与老哈河交汇处。此说并不确切。

1992年，在赤峰市阿鲁科尔沁旗朝格图山前发现辽代皇族耶律羽之家族墓地，耶律羽之与辽太祖为一爷之重孙，官至东丹国左大相。出土的耶律羽之孙《耶律元宁墓志》记有"玄扃一闶于金微，夜壑长埋于王树"，即把耶律元宁所葬的朝克图山比喻为匈奴单于首领所居金微山和契丹人祖山，说明这里是耶律元宁祖先即阿保机祖先的世居始兴之地。朝格图山位于辽上京（今赤峰市巴林左旗林东镇）东200华里范围内，正是《契丹国志》"世里者，上京东二百里地名也"之世里地。今朝格图山附近的哈黑尔河（上游）和海哈尔河（下游）当为《契丹国志》"今有世里没里，以汉语译之，谓之耶律氏"之"世里没里"（"没里"即河流）。此河西岸现已发现三处大型辽代皇族家族墓地，即耶律羽之家族墓、耶律勤德家族墓、北大王耶律万辛家族墓，均在辽上京东200华里范围内。其中耶律勤德家族墓地距离辽上京只有60华里（这也是目前所发现的距离辽上京最近的辽代横帐皇族家族墓地），由此推测这里是辽代宗室祖先世居领地。

很显然，世里是一个地域概念，是契丹建国前辽太祖家族世居领地的中心区域（即迭剌部首领卓帐地）。从《辽史》和《契丹国志》的记载来看，今赤峰市巴林左旗、阿鲁科尔沁旗地域，是契丹建国前辽太祖家族世居领地的中心区域，地名曰世里。契丹建国后，辽太祖家族便以"世里"著姓。

那么，"世里"又是如何变成"耶律"的呢？这可能与辽太祖崇尚儒家文化有关系。

辽太祖仿效中原帝制开国称帝，是受到了汉族知识分子的影响，亦即是受到了儒家文化的影响（详见后文）。儒家文化提倡"追宗溯源""光宗耀祖"，辽太祖开国称帝，建立不世之功，自然也是要这样做的。不过，辽太祖并没有追溯自己一脉相传的血缘祖宗，而是把自己比附为炎黄子孙，以自己

的"世里"姓兼汉高祖刘邦的"刘"姓，以自比刘邦的盖世之功。"世里"与"耶律"显然都是契丹语音译，而"耶律"更接近于"刘"姓，故"译者以世里为耶律"，"兼称刘氏"。

辽太祖不仅以自己的耶律姓兼刘邦的刘姓，而且辽廷宗室耶律氏封爵也多以漆水为郡望（漆水为周朝王室勃兴之地），这显然与周、汉两个王朝有密切关系。表明契丹统治者们自建国时起，便将自己比附为黄帝子孙，与周、汉一脉相承（北宋时期，辽廷便以中国正统自居）。

毋庸置疑，"耶律氏"代表了契丹皇族贵姓，原来的契丹汗族大贺氏、遥辇氏自然也不甘把自己的汉姓降低一等，也都附和着姓起了"耶律"。故《辽史》有"三耶律：一曰大贺，二曰遥辇，三曰世里，即皇族也"。

辽太祖在将自己的耶律氏兼称刘氏的同时，"以乙室、拔里比萧相国，遂为萧氏"。"乙室、拔里"即世代与世里氏通婚的部族，也就是辽廷后族。故此与辽宗室耶律氏通婚的部族皆比附兼姓萧氏，后族萧氏贵族的封爵也多以兰陵为郡望（兰陵为西汉丞相萧何后裔郡望）。

契丹全族只有"耶律"和"萧"两姓，与契丹婚俗有关系，而契丹婚俗又与图腾有关系。

契丹族最初是由以白马为图腾和以青牛为图腾的两个氏族相互通婚繁衍为契丹八部，并由此形成了同姓不通婚的习俗。这种通婚习俗被长期地延续下来，至契丹建国，这种婚俗也没有改变。例如，大贺氏、遥辇氏、世里氏世与审密氏（即拔里氏和乙室已氏）通婚等。这样一来，契丹族就形成了两大通婚群体。其中一个群体以大贺氏、遥辇氏、世里氏显贵为核心，另一群体以拔里氏和乙室已氏显贵为核心。契丹大字创制完成后，大贺氏、遥辇氏、世里氏以"耶律"著汉姓，拔里氏和乙室已氏以"萧"著汉姓，两大通婚群体其他部族也都跟随分别著姓"耶律"和"萧"，由此契丹族就形成了"耶律"和"萧"相互通婚的两大姓氏。

这里还有一个令人感兴趣的问题，那就是契丹大字创制完成后，契丹人既然已经以所居地名著姓了，为什么没有实行起来呢？这显然与汉文化进入契丹社会有关系。

契丹建国时，契丹社会已经有了大量的汉人和渤海人，有了一定数量的州县城，汉文化在契丹社会逐渐传播开来，并被契丹上层人物所接受。与此同时，契丹诸部落原来的领地被逐渐打乱，有些部落还被迁到四处守边。这样一来，契丹人再以所居地名著姓已毫无意义。因此，当以辽太祖为首的契丹统治者选择汉姓"耶律"和"萧"著姓时，便被全族人所接受，纷纷著汉姓，起汉名。从《辽史·列传》和出土墓志来看，绝大多数辽廷宗室和后族显贵都有汉姓名。例如：辽太祖名亿，述律平名平，其三子耶律倍名倍、耶律德光名德光、耶律李胡名洪古小字李胡，辽世宗名阮，辽穆宗名璟，辽景宗名贤，辽太宗皇后名温，辽景宗皇后名绰小字燕燕等等。

很显然，这种全族两姓通婚的结果，是近亲结婚，违背儒家文化所倡导的"伦礼"思想。因此，辽道宗朝便有大臣提出以契丹部族所居地名著姓，以增加契丹人的姓氏，使契丹人的婚姻合于"礼数"。但是，当时契丹人原始的世居领地已完全打乱，代之以五京州县，契丹人错置于五京州县之间，领地概念早已淡薄，再以所居地名著姓已完全没有意义，也不现实。所以，辽道宗以旧制不可改变为由没有同意。

总而言之，契丹族"耶律"和"萧"姓是契丹大字创制完成后，契丹皇族和后族显贵所著汉姓。契丹全族只有"耶律"和"萧"两姓，是契丹统治者们受儒家文化影响、契丹族同姓不通婚习俗的结果。

9. 佐命功臣

俗话说，一个篱笆三个桩，一个好汉三个帮。辽太祖是契丹族杰出的政治家、军事家，这是毋庸置疑的。但是，他再有能力，力量也是有限的。如同刘邦当年得张良、韩信、萧何，终于建立帝业，刘备得孔明、关羽、张飞、赵云，三足天下有其一，辽太祖也将一大批英雄豪杰网罗在身边为己所用，从而成就了丰功伟业。

辽太祖开国称帝后，为了表彰帮助他开国称帝的功勋们，嘉奖了 21 位开国功臣，亦称佐命功臣。可惜的是，《辽史》只为其中的 9 人立了传，事迹如下：

韩知古，契丹名迪里姑鲁，是《辽史》所载汉臣进入契丹社会第一人，进入契丹社会时间大约在 888 年左右，因是辽太祖和述律平的家奴，因此对以辽太祖为代表的契丹显贵们的汉化思想有重大影响，也最先得到重用。辽太祖朝历任左仆射（909 年已担任此职）、首任总知汉儿司事（担任此职时间约在 916 年，即辽太祖开国称帝前后）、中书令（926 年），在辽太祖朝总理汉人事务，对契丹建国初期的礼仪制度建设做出了巨大贡献，以功列佐命功臣。韩知古娶契丹女人为妻，在契丹生育 11 个儿子，全部在辽廷出仕为官，由此韩氏家族发展成为终辽一世契丹社会第一汉族世家大族，史称"玉田韩氏"。

康默记，本名照，被辽太祖俘虏进入契丹的时间大约在902年左右，因才干出众被辽太祖留在身边倚为谋臣。辽太祖朝历任左尚书（916年以前已担任此职）、礼部尚书（918年已担任此职）、皇都夷离毕（920年），主持营建了契丹皇都和辽太祖陵，对辽太祖建国及治国思想有重大影响，为契丹建国初期的法律制度建设做出了巨大贡献，以功列佐命功臣。

韩延徽，字藏明，契丹名匣列（辽太祖赐名），幽州安次人，进入契丹时间大约在911年左右，辽太祖朝历任守政事令、崇文

馆大学士（915年前后）、左仆射（926年），对辽太祖仿效中原封建帝制开国称帝、设置州县安置汉人、征服草原诸部族等思想、决策、行动都有重大影响，参与了辽太祖建国、建国初期各项制度建设及军事征服活动，以功列佐命功臣。

韩延徽在辽太宗朝封鲁国公、政事令、南京（今北京市）三司使，辽世宗朝迁升南府宰相，辽穆宗朝致仕，辽应历九年（959年）病逝，终年78岁。韩延徽是契丹建国初期重要政治人物，是契丹辽王朝四朝元老第一人，汉臣封公侯第一人、担任南府宰相第一人。《辽史》给予韩延徽很高的评价："太祖初元，庶事草创，凡营都邑，建宫殿，正君臣，定名分，法度井井，延徽力也。"韩延徽家族是辽代社会汉族世家大族之一，史称"幽州韩氏"。韩延徽之孙韩佚墓志在今北京八宝山革命公墓附近出土，据《韩佚墓志》此处为韩延徽家族墓，但并没有发现韩延徽墓葬及墓志。

耶律曷鲁，字控温，一字洪隐，与辽太祖为一爷（辽懿祖萨刺德）

之重孙，长辽太祖一岁，从小与辽太祖一起长大，两人互换裘马结为金兰兄弟。在辽太祖担任挞马狘沙里时便与其一起参与部族事务，成为辽太祖的得力助手。辽太祖侦破三伯父于越释鲁被害案件，将杀害三伯父的凶手绳之以法并将其家族籍为奴隶，曷鲁怕辽太祖由此得罪人遭到政敌的暗害，日夜跟随在其身边保护其安全。辽太祖担任迭剌部夷离堇后，曷鲁数为先锋随其东征西讨，战功卓越。辽太祖担任可汗后让曷鲁接替自己担任迭剌部夷离堇，曷鲁为了保护辽太祖的人身安全而加以推辞，担任了辽太祖腹心部首领，总宿卫继续保护其安全。诸弟叛乱期间，曷鲁被授予总领全国兵马大权，负责平叛工作。诸弟叛乱被平息后，曷鲁出任迭剌部夷离堇，被授予总理汗国事之特权。辽太祖受诸部"逼宫"被迫交出汗权后，曷鲁帮助辽太祖诛杀七部夷离堇复统八部，进而开国称帝。契丹国家建立后，曷鲁被拜为阿鲁敦于越（916年），成为辽王朝的开国于越，两年后病逝（918年），终年47岁。曷鲁是契丹建国初期迭剌部耶律氏家族中对辽太祖帮助最大的人，在辽太祖攫取汗权、开国称帝中居功至伟，列21佐命功臣之首，被辽太祖比拟为"心"，在《辽史·列传》中列第一位。曷鲁之弟耶律羽之家族墓地在赤峰市阿鲁科尔沁旗朝格图山发现，从出土墓志来看，这里是曷鲁家族世居领地，曷鲁是否葬于此地有待于考古新发现。

萧敌鲁，字敌辇，述律平异父同母兄长，与辽太祖是姑表兄弟（辽太祖姑母之子），性情宽厚，臂力绝人，熟悉军事。辽太祖担任夷离堇期间，萧敌鲁是其得力臂助，运筹帷幄，军前布阵，阵中杀敌，被称为无敌将。辽太祖担任契丹可汗后，萧敌鲁与曷鲁一同负责辽太祖的警卫工作，保护其人身安全。辽太祖担任可汗的第四年（910年），萧敌鲁担任北府宰相，成为契丹汗国百官之长。在平息诸弟叛乱过程中，萧敌鲁率兵平叛，擒获剌葛等叛乱首犯，为最终平定叛乱立下首功。辽太祖开国称帝后，萧敌鲁被拜为开国宰相，列21佐命功臣次席，被比拟为"手"，在《辽史·列传》中列第二位。其子孙被列入乙室已氏国舅大翁帐，享有世选北府宰相的特权。

萧阿古只，字撒本，述律平胞弟，萧敌鲁异父同母弟。骁勇善战，尤其擅长射箭。辽太祖担任迭剌部夷离堇率领兵马东征西讨期间，阿古只与兄长萧敌鲁冲锋陷阵，屡立战功，为辽太祖攫取汗权立下首功。"诸弟叛乱"期间，阿古只与兄长萧敌鲁一起率兵平叛，并最终将叛乱平息，进而帮助辽太祖盐池诛杀七部夷离堇开国称帝。萧敌鲁病逝后，阿古只继兄长担任北府宰相，列21佐命功臣第三席，被比拟为"耳"，其子孙被列入拔里氏国舅帐少父房，具有世选北府宰相的特权。阿古只家族墓地在今辽宁阜新发现，但并没有发现本人墓葬。据出土墓志载，这个家族至辽兴宗和辽道宗朝时已经是"一门生于三后，四世出于十王"。据有关研究人员统计，阿古只家族在契丹辽王朝任北府宰相者17人，封王者13人，招为驸马都尉者20人，册为皇后者4人（即辽世宗皇后、辽兴宗皇后、辽道宗二皇后），妃子3人。这样的显贵家族在中国历史上也属罕见。

耶律苏，字云独昆，辽太祖同父异母弟，是诸弟中对阿保机支持最大一人，也最得辽太祖信赖。"诸弟叛乱"期间，耶律苏不仅没有参与其中，而且往返于辽太祖与诸弟之间调解关系，化解矛盾，为缓和辽太祖与诸弟的紧张关系发挥了重要作用，以功列佐命功臣。辽神册五年（920年）出任大内惕隐，六年出任南府宰相，成为耶律氏皇族中担任南府宰相第一人。

耶律斜涅赤，字撒剌，与辽太祖为一爷（辽懿祖萨剌德）之重孙，早隶辽太祖帐下，辽太祖担任可汗后，斜涅赤担任腹心部首领，与曷鲁、萧敌鲁等一起负责辽太祖的安全保卫工作。辽天赞元年（922年）辽太祖将迭剌部分为五院部和六院部，斜涅赤担任五院部首任夷离堇（北院大王），率领五院部兵马随辽太祖西征及东征渤海国，均战功卓越，以功列佐命功臣。

耶律老古，字撒懒，述律平外甥（母为述律平姐姐），斜涅赤之侄，从小养于述律平身边，深得辽太祖和述律平夫妻的喜爱，及长隶辽太祖帐下，东征西讨屡立战功，并在平定诸弟叛乱过程中发挥了重要作用，以功列佐命功臣。

除上述9人而外，根据《辽史》《契丹国志》等史籍及出土墓志研究资料，还有2人应在21位佐命功臣之列，一个是萧室鲁，一个是萧实鲁。

萧室鲁，《辽史》无传，述律平之弟，娶辽太祖与述律平女儿质古为妻，萧室鲁有女儿萧温为辽太宗皇后（不一定是质古所生）。

萧实鲁，辽太祖担任可汗后任北府宰相，曾与妻子余卢睹姑参加"诸弟叛乱"。

关于这两人的身份，是目前学界研究和探讨的一个话题，目前尚无定论。有研究者认为，这两人实为一人，是述律平兄长，娶辽太祖妹妹余卢睹姑为妻。这一观点有商榷的必要。

据《辽史》和《契丹国志》，笔者认为，萧室鲁是述律平兄长，此人即《契丹国志》有传的述律鲁速，累官统军使、奚王府监军、东路兵马都统军等职，其子屈列娶奥哥公主。这里的奥哥公主，就是辽太祖与述律平女儿质古。也就是说，辽太祖与述律平之女质古并非嫁给了萧室鲁，而是嫁给其子屈列。

萧室鲁有可能是述律平的同父异母（辽太祖姑母）兄长，又名欲稳（"欲稳"与"鲁速"谐音），此人就是俘虏韩知古之人，早隶辽太祖帐下，为本部酋长，曾率部随辽太祖东征西讨，数次攻掠幽蓟地区，为辽太祖 21 位佐命功臣之一无疑。

契丹婚俗，异姓为婚，盛行舅甥婚，每个家族都有相对固定的通婚家族。按照这一婚俗，辽太祖的妹妹余卢睹姑应该嫁给其母亲萧岩母斤娘家人，或嫁给自己的舅舅。也就是说，余卢睹姑的丈夫萧实鲁有可能是她的舅舅或舅族人。

据《辽史》，辽太祖外公萧惕剌曾担任遥辇氏北府宰相，此人应当就是辽太祖举行即位可汗仪式时，率领百官给辽太祖上尊号天皇帝的北府宰相萧辖剌。按照契丹世选制度，萧惕剌家族有世选北府宰相的特权，他的子孙自然而然就有当北府宰相的特权。也就是说，萧实鲁有可能是萧惕剌之子或孙、辽太祖母亲之侄或孙，娶辽太祖妹妹余卢睹姑为妻，辽太祖即位可汗后出任北府宰相，为辽太祖 21 位佐命功臣之一无疑。

据《辽史》，辽太祖担任契丹可汗后的第一任北府宰相名叫萧痕笃，《辽史》有传，迭剌部人，其先曾担任遥辇氏北府宰相，早隶辽太祖帐下，数次跟随辽太祖出征，及辽太祖攫取汗权后，担任首任北府宰相。述律平同母异父兄长萧敌鲁于辽太祖担任可汗的第三年（909 年 7 月）担任北府宰相，时距辽太祖担任可汗只有二年半时间（907 年正月至 909 年 7 月），期间有萧痕笃和萧实鲁担任北府宰相，似不大可能，由此推测，萧痕笃即萧实鲁（"痕笃"与"实鲁"谐音），一人两名。

1992 年，内蒙古赤峰市阿鲁科尔沁旗朝格图山出土《耶律羽之墓志》载，耶律羽之"夫人重衮，故实六宰相之女也，升天皇帝之甥"。即羽之之妻为辽太祖外甥女，也就是辽太祖妹妹的女儿。《辽史·太祖本纪》载，辽太祖平定诸弟叛乱后，在处理叛乱人员时感慨地说道："北府宰相实鲁妻卢余睹姑于国至亲，一旦负朕，从于叛逆，未置之法而病死，此天诛也。"这里的实鲁宰相即萧实鲁，也就是说，萧实鲁与余卢睹姑有女儿嫁给耶律羽之为妻。

以上11人虽只是21位佐命功臣之半，但《辽史》能为其立传（萧实鲁因参与诸弟叛乱没有立传），说明他们在佐命功臣中位列前面，在辽太祖开国称帝过程中功勋卓越，立下汗马功劳，甚或是居功至伟。所以辽太祖把他们列为佐命功臣的同时，还把他们比拟为自己身上的器官。从他们身上，我们不难发现辽太祖所用之人的一些特点，以及这些开国功臣及家族对契丹辽王朝政治制度及其政局的影响。

以上11人中，汉族3人，即韩知古、康默记、韩延徽；辽太祖妻子述律平家族4人，即萧敌鲁、萧阿古只、萧室鲁、耶律老古；耶律氏家族3人，即耶律曷鲁、耶律苏、耶律斜涅赤；辽太祖母亲家族1人，即萧实鲁。由此不难看出，辽太祖所用之人主要来自于四个方面，即汉族、述律平家族、辽太祖母亲家族、耶律氏皇族。这四方面力量形成了后来契丹辽王朝四股政治势力，即耶律氏皇族政治集团（以横帐皇族为核心）、述律平家族政治集团（以拔里氏国舅帐为核心）、辽太祖母亲家族政治集团（以乙室已氏国舅帐为核心）、汉族政治集团。

韩知古、康默记、韩延徽3人入列佐命功臣，说明汉族知识分子一开始便参与了契丹建国过程，对辽太祖建国及治国理念和方略有着重大而直接的影响。《辽史》共为305人立传，其中汉人为58人，占19%，仅次于契丹人，居于第二位。

由此我们认为，契丹辽王朝是契丹贵族和汉族上层分子联合建立的政权。正因为此故，契丹建国伊始便确立了"官分南北，以国制治契丹，以汉制待汉人"的治国方略。

萧敌鲁、萧阿古只、萧室鲁、耶律老古 4 人入列佐命功臣，说明述律平家族在辽太祖攫取汗权和开国称帝过程中发挥了至关重要的作用。正因为此故，契丹建国后，述律平家族从本部族中独立出来，升为国舅帐族，成为辽廷后族、辽帝舅族。终辽一世，辽廷皇后及绝大多数皇妃均出自这个家族，从而使契丹辽王朝建国伊始便形成了述律平家族（后族）与辽太祖家族（皇族）共同执政的政治格局。《辽史》共为耶律氏皇族和萧氏后族（以述律平家族为主）立传 133 人，占列传总数 305 人的 44%。其中耶律氏皇族 87 人，述律平家族 38 人，不明族系 8 人。

萧实鲁虽然在《辽史》中没有明确记载其为辽太祖佐命功臣，但其家族即辽太祖母亲萧岩母斤家族在辽太祖攫取汗权和开国称帝过程中显然也是发挥了重大作用。辽太祖攫取汗权时，其外公萧惕剌为北府宰相，对辽太祖的帮助是显而易见的。但是，由于述律平家族的崛起，抢走了这个家族的后族之权，因此这个家族（辽太祖母亲家族）为了抢回后族之权，走到了辽太祖的对立面，参与了"诸弟叛乱"，这有可能就是萧实鲁及其家族人事迹不显于辽太祖朝的主要原因。不过，由于辽太祖母亲萧岩母斤生活于辽太祖、太宗两朝，其家族被列为乙室已氏国舅帐，与述律平所在的拔里氏国舅帐一起左右着辽王朝政局。

曷鲁、苏、斜涅赤 3 人入列佐命功臣，说明迭剌部的耶律氏家族虽然在辽太祖攫取汗权过程中发挥了重要作用，但在辽太祖开国称帝过程中的作用是有限的，这里面有许多客观因素。迭剌部耶律氏家族世掌契丹遥辇氏部落联盟兵马大权，势力庞大，家支众多，辽太祖正是依靠强大的家族势力从遥辇氏手中夺取汗权的。但是，辽太祖夺取汗权后，耶律氏诸显贵们也都有当可汗的权利，进而有了当可汗的欲望，"诸弟叛乱"便是最好的例证。因此辽太祖对耶律氏诸显贵自然是既要用也要防，择其自己信得过的人使用，而这样的人显然又是不多的。在上述 3 人中，曷鲁对辽太祖的帮助最大，契丹建国后，以曷鲁为代表的帖剌（曷鲁祖父，阿保机二伯祖）家支受到重用，多担任北（北院部）、南（南院部）两院大王，是皇权的忠实维护者。《辽史》共为耶律氏皇族人立传 87 人，其中曷鲁家族 24 人，为最多。其他耶律氏（包括苏与斜涅赤家族）官居显位者并不是太多。

05

BAI HE ZHONG YUAN

八月，拔朔州，擒节度使李嗣本。勒石纪功于青冢南。冬十月癸未朔，乘胜而东。十一月，攻蔚、新、武、妫、儒五州，斩首万四千七百余级。自代北至河曲逾阴山，尽有其地。

《辽史》

1. 五代风云

在辽太祖取代遥辇氏执掌契丹汗权及开国称帝的同时，中原王朝也改换了门庭。

中原的李唐王朝经安史之乱（755年至763年）后，便开始走下坡路，逐渐陷入藩镇割据，皇权弱化局面。黄巢起义（878——884年）更是加速了李唐王朝灭亡。期间中原豪强并起，群雄逐鹿，最终大军阀朱温笑到最后，代唐建梁开启了五代之世。

五代，亦称五代十国，一般是指从朱温代唐建梁（907年）至赵匡胤代后周建北宋（960年）的53年时间里，中原先后经历的五个朝代和十个相对独立的政权。不过，如果从时间和空间上来看历史，这样划分有些过于简单。如同讲三国历史，一般而言从曹丕代汉（220年）起才算是进入三国时期，但讲三国历史不得不上溯到黄巾起义（184年）。讲五代十国历史仅仅从朱温代唐开始也是远远不够的，还应上溯到黄巢起义。因为从那个时候起，李唐皇帝就已经成为傀儡，诸豪强割据一方，中原就已经进入乱世。例如"十国"中的吴、吴越、楚、闽、前蜀等在朱温代唐时就已经存在十多年了。

所谓的五个朝代是指中原相继出现的梁、唐、晋、汉、周五个朝代，因历史上曾经有过这些朝代，因此史学界在这些朝代的前面加了一个"后"字，分别称后梁（907—923年）、后唐（923—936年）、后晋（936年—946年）、后汉（947—950年）、后周（951—960年）。十国分别是：吴（892—937年）、南唐（937—975年）、吴越（893—978年）、楚（896年—951年）、闽（893—945年）、南汉（905—971年）、前蜀（891—925年）、后蜀（925—

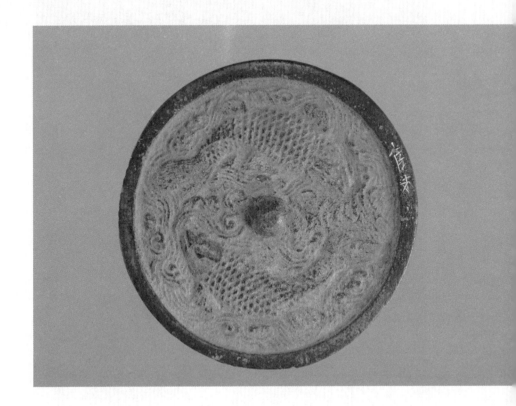

965 年）、荆南（907—963 年）、北汉（951—979 年）。其中五个朝代都与契丹对峙，十国中的南唐和北汉与契丹关系最为密切，有关这方面的内容将在后文中陆续叙述。

客观地说，中原乱世给契丹崛起提供了契机，而在契丹崛起建国的过程中，与其相关的几个主要人物不得不提一下，那就是朱温、李克用、刘仁恭父子。

朱温（852—912 年），唐宋州砀山（今安徽省砀山县）人，幼年丧父，不事生产，游手好闲，颇有勇力，后来参加黄巢起义军（877 年），因作战勇敢升为将军。黄巢攻取长安建立大齐政权（881年），朱温因功被黄巢任命为同州（今陕西大荔县）防御使（882 年）。

但他并没有认真履职，而是见黄巢起义军成不了气候，很快就投降了唐廷，被唐廷赐名朱全忠。朱温投降唐廷后便掉转马头攻打起义军，因功累官至宣武军节度使（883年），从此以汴梁（今河南开封）为中心不断扩张地盘，经过十余年的打拼终于成为中原头号军阀。唐天复元年（901年），即辽太祖担任契丹迭剌部夷离堇的同一年，朱温诛杀宦官勤王有功，晋升为梁王，开始专权唐廷，野心也开始膨胀。唐天祐元年（904年）朱温将唐昭宗从长安迁到洛阳控制在自己手里，几个月后将唐昭宗杀死（904年8月），立13岁的李祚（唐昭宗之子）为帝，将唐廷大权全部掌握在自己手中。此后朱温为了抗衡政敌李克用，派人到契丹与辽太祖结好，三年后（907年4月，即辽太祖代遥辇氏担任契丹可汗四个月后）朱温也代李唐坐上中原龙椅，建立大梁政权，史称后梁或朱梁，中国历史正式进入五代十国时期。

李克用（856—908年），沙陀人，本姓朱邪（或朱耶），其父朱邪赤心率部族归附李唐，因功被唐廷赐姓名李国昌，出任唐振武军节度使。李克用自小便表现出军事天赋，冲锋陷阵常出诸将之右，因一眼大一眼小且擅长骑射，被时人称为"独眼龙"，又因英勇善战，行动迅速敏捷，被时人称为"李鸦儿"、"飞虎子"。初任唐云中守捉使，后因发动兵变受到唐廷讨伐，与父一起逃到漠北鞑靼部避难。不久黄巢率起义军攻取长安建立大齐政权（881年），唐廷又想起了李克用，诏其率军南下攻打勤王。李克用率沙陀、鞑靼等部族兵马南下，几经交战，最终迫使黄巢退出长安（883年），以收复京师第一功晋升唐河东节度使，时年只有28岁，不仅是唐廷最年轻的节度使，而且占据太原成为当时诸藩镇中势力最强者。随后，李克用率军南下继续追击黄巢起义军，黄巢率军南走准备随路攻打汴梁。时朱温刚刚到汴梁上任宣武军节度使，自知不是黄巢对手，急忙向李克用求救，李克用率军打败黄巢军队救了朱温一难。朱温为了感激李克用，约其入汴梁城喝酒，李克用借酒劲褒己贬朱，朱温由此嫉恨于心，趁李克用醉酒昏睡之机，派人放火想把李克用烧死。也是李克用命不该绝，危急时刻老天突然下起雨来，李克用才逃得一命，从此两人结下仇恨，兵戎相见，大打出手，一打就是二十多年。期间李克用虽然晋封为晋王（895年），但朱温却逐渐占据上风。李克用遂与辽太祖结盟，欲借契丹之力来消灭朱温，但效果并不理想。朱温代唐建梁，李克用更是怒火中烧，向诸藩镇发出檄文，讨伐朱温恢复唐室，怎奈

诸藩镇观风望火，没有人响应，李克用一气之下竟卧床不起，第二年病逝（908年），其子李存勖继承父晋王爵位的同时，也继承了父王的遗志，接着与朱温大战。

刘仁恭（？—914年），唐深州乐寿（今河北深州献县）人（有研究者认为刘仁恭是汉高祖刘邦之后裔）。原为幽州裨将，因发

动兵变失败投靠了李克用并受到厚待（893年），借机鼓动李克用攻取幽州，并被保举为幽州节度使（895年）。但他并没有感恩，而是背离李克用据幽州自立门户。李克用与朱温争夺河北藩镇，欲征调幽州兵力相助，刘仁恭则以契丹入侵为借口加以拒绝，由此双方反目成仇。由于李克用的主要政敌是朱温，因此对刘仁恭只是怀恨在心，并没有大规模地征伐。刘仁恭则趁李克用与朱温两强相争之机，不断扩大地盘，以幽州为中心，成为介于李克用和朱温之间的一方割据势力。不过，刘仁恭与朱温和李克用相比显然差了一大截，经过几年打拼虽然控制了幽、沧（今河北省沧州市）地区，但也再无力与李克用和朱温争雄，于是开始享乐起来。其次子刘守光因与庶母私通事发，被刘仁恭赶出家门，心生怨恨。朱温代唐建梁前夜得知刘仁恭在幽州城外大安山上享乐，便派兵攻打幽州。刘守光得到消息后，率军击败梁军，然后派兵攻打大安山，将父亲刘仁恭抓住囚于别室，立自为幽州节度使（907年），接着又攻取哥哥刘守文据守的沧州

（909年），将父亲原来的地盘全部掌握在自己手中。朱温和李存勖根本没有把刘守光放在眼里，知其成不了大事，便采取欲擒故纵之策，朱温册封刘守光为燕王，李存勖暗令所属州镇奉承刘守光。刘守光见朱温和李存勖都买自己的账，更加不知天高地厚，自以为得到天助，在幽州建立大燕国，自称大燕皇帝（911年）。刘守光本为平庸之辈，自称大燕皇帝后，更是忘乎所以，开始实施残暴统治，导致幽州百姓大量逃入契丹，同时招致朱温和李存勖的讨伐，他不得不派韩延徽等人到契丹求援，结果韩延徽（肯定不止韩延徽一人）被辽太祖留在契丹成为其开国功臣，刘守光则在两年后被李存勖剿灭（913年）。

俗话说，鹬蚌相争，渔翁得利。这话套用在乱世枭雄们的身上，似乎有些不确切。不过，客观地说，正是朱温、李克用父子、刘仁恭父子三雄争锋，角力河北，从而为契丹涉足中原提供了契机。

2．涉足中原

契丹涉足中原从唐末便已经开始。《辽史》明确记载，辽太祖的祖父匀德实将中原的农耕技术引入契丹，父亲撒刺的将中原的冶铁技术引入契丹，三伯父释鲁（于越）将纺织和筑城技术引入契丹。这些记载虽然不排除有粉饰阿保机家族之嫌，但至少说明，从辽太祖祖父辈开始，契丹已开始涉足中原，将汉人掠入契丹的同时，将中原先进的生产技术也带入契丹，从而促进了契丹社会的飞快发展。

辽太祖祖父辈们涉足中原，具有一定的投机性，即以抢掠人口和财物为主要目标，并没有攻取中原城池，进而立足中原的想法。既然是投机，自然是有时候大获而归，有时候空手而回或是失败

而逃。到了刘仁恭镇守幽州期间，加强对契丹的防御，双方时有交战，契丹不仅没有占到什么便宜，反而还处于下风。

刘仁恭对付契丹南下的办法就是放火烧光契丹草牧场。每年秋季来临时，刘仁恭派人放火将临近榆关（今山海关）、古北口（今古北口）等关隘的草牧场烧光，致使契丹大量的牲畜被饿死，自然也就无法南下抢掠了。一直到刘仁恭末年，放松了对契丹的防御，契丹才又开始南下，但也没有占到什么便宜。

这期间有一个"牛酒之会"的故事很有意思。

说是契丹有一个实里王子，曾率万余骑兵攻打平州（今河北省卢龙县境内），刘仁恭事先得到消息，派次子刘守光前往平州防御。刘守光到平州后，假装与契丹议和，在平州城外置帐约实里王子喝酒。实里王子不知是计，便依约赴会，结果酒醉之际被刘守光的伏兵擒获。痕德堇可汗无奈之下以五千匹战马及以后不入幽州抢掠和每年向幽州纳贡为条件，将实里王子赎回，此后十余年内契丹不再南下抢掠。

此事见于宋人史籍《旧五代史》，想来是实有其事。说明契丹趁唐末中原纷争南下抢掠时，也不是次次得手，而是常常被刘仁恭击败。这种情况一直到辽太祖担任迭剌部夷离堇后才有所改观。

辽太祖担任迭剌部夷离堇时（901年），中原局势也正在发生着变化。朱温因诛杀宦官有功被册封为梁王，进而专擅朝政，李克用联合诸藩镇以勤王为旗号讨伐朱温，刘仁恭则介于朱、李两强之间，涉足河北藩镇。这三强角逐河北，从而为契丹涉足中原提供了机会。

辽太祖敏锐地观察到这一难得的南下机遇，于担任迭剌部夷离堇的第二年（902年）率40万兵马南下抢掠代北地区，俘虏95000余人口，牛马羊等牲畜不计其数，为安置这些汉人，建筑了龙化州城。

应该说，辽太祖这次南下抢掠代北地区同样具有投机性质，即他是看中李克用在河北与朱温大战，代北空虚有可乘之机。但是，这次抢掠代北地区却引起了李克用的注意。

代北是李克用的后方，他与朱温在河北大战几十年，逐渐处于下风，自然是不想也不愿在南方与朱温大战的同时，再与北方的契丹为敌而两线作战。但是，不想与契丹为敌，就得搞好与契丹的关系。为此，李克用采取化敌为友之策，派人到契丹与辽太祖结盟以共同对付朱温（905年）。

如果说辽太祖在接到李克用结盟信息之前，对中原采取的是投机策略的话，那么在接到李克用结盟信息之后，考虑的则是如何涉足和介入中原局势，进而逐鹿中原。

就当时中原的局势而言，藩镇割据，各自为政是大局势。具体到燕云和河北（黄河以北）地区，则被朱温、李克用、刘仁恭三大军阀所割据。朱温以汴梁（今河南省开封市）为中心，李克用以太原（今山西省太原市）为中心，刘仁恭以幽州（今北京市）为中心，三方都把目光投向河北，相互角力。这其中，刘仁恭所据幽州距离契丹最近，契丹欲涉足中原，首当其冲要过幽州这一关。正因为此故，契丹趁唐末中原纷乱之机，南下抢掠最多的便是幽州地区。不过，由于刘仁恭对契丹防御策略得当而有效，契丹占不到什么便宜，不得不西移进入代北地区抢掠，从而与李克用发生冲突。

李克用主动结盟契丹，使辽太祖不得不重新审视涉足中原的策略。即，是继续以抢掠人口和财物为目的，还是介入中原局势，逐鹿中原。可以肯定的是，辽太祖选择了后者。

那么如何涉足和逐鹿中原呢？可以说，这是一个外交和军事策略问题，对于这一问题，我们的祖先早就有了最佳答案——远交近攻。

辽太祖自然也不例外，也采取了这一策略。

唐天佑二年（905年）十月，辽太祖率兵7万（号称30万）到云州与李克用会盟。李克用在云州（今山西省大同市）东城摆设酒宴，与辽太祖互换袍马，结为兄弟。李克用时年49岁为兄，辽太祖时年33岁为弟。辽太祖答应李克用两事：一是出兵帮助李克用攻打朱温；二是借兵给李克用攻打刘仁恭，以报木瓜涧之仇。

李克用与刘仁恭的木瓜涧之仇要追溯到七八年以前。李克用保举刘仁恭担任幽州节度使（895年）后，便自以为对其有恩，欲征调刘仁恭的幽州兵马随自己一同作战，不料刘仁恭或以契丹入侵或以其他理由加以拒绝，李克用不禁大怒，亲率兵马讨伐刘仁恭，结果在木瓜涧（今山西蔚县境内）被刘仁恭打得大败，自己也差一点成了俘虏（897年），李克用由此对刘仁恭怀恨在心，发誓要报此仇。

辽太祖与李克用结盟后，又在云州逗留半月有余才开始回返，李克用赠给辽太祖金银绸缎数万，辽太祖回赠马匹三千、杂畜万余。期间，曾有人建议李克用借机杀掉辽太祖，以绝后患，李克用则认为当前的主要敌人是朱温，敌人未除，岂能先失义于朋友，从而没有采纳这一建议。李克用"义"字当先，彰显出乱世枭雄之本色。但是，身处乱世，岂是一个"义"字了得？随后发生的事情，就把李克用气了个半死。

辽太祖在回军途中对刘仁恭的地盘进行了大肆抢掠，除了满载而归之外，也算是在帮助李克用报仇，不过回到契丹不久，朱温的信使便来到了契丹。

朱温虽然在与李克用的博弈中占得上风，但并无短时间内消灭李克用的实力，因此也把目光投向了北方的契丹。不过，朱温与契丹之间隔着李克用和刘仁恭，或许是联系不便，或许是时机尚不成熟，他并没有主动与辽太祖联系。当得知李克用与辽太祖

结盟后，便立即行动，派人通过海路到契丹向辽太祖伸出橄榄枝。

辽太祖为了涉足中原，常常派一些谍报人员进入中原地区打探情况，因此对中原形势有着清醒的认识。朱温已经将李唐皇帝控制在手中，挟天子以令诸侯，随时都有可能取李唐皇帝而代之。与朱温结好，实际上就是与中原皇帝结好，对自己有百利而无一害。因此他毫不犹豫地又与朱温结好。

关于辽太祖与朱温结好的内容不得而知，不过有一个内容当在其中，那就是辽太祖不再出兵帮助李克用攻打朱温。

辽太祖与朱温结好，给双方都带来了莫大的利好，又以辽太祖的收益最大。就在双方结好不久，痕德堇可汗便将汗权禅让给了辽太祖（906 年 12 月）。客观地说，辽太祖能够攫取汗权，其家族势力及本人能力是主要因素，但中原两强李克用和朱温纷纷向辽太祖示好，也起到了推波助澜的作用，此所谓内因和外因的关系。

朱温也有收益，他不用再担心李克用联合契丹来攻打自己，可以省下一些心来考虑废李唐皇帝自己当皇帝的事情，并于辽太祖担任契丹可汗四个月后，逼着李唐皇帝将中原皇位禅让给了自己（907 年 4 月）。

当然，事物都是一分为二的，有收益的就有损失的。辽太祖与朱温结好，最受伤的人自然是李克用。

结盟在北方少数民族中很盛行，也很郑重，是一件非常严肃的事情。两人一旦结为异姓兄弟，就不能做损害另一方的事情，甚至一方可以为另一方牺牲自己的性命，否则就是背信弃义，不讲信用，从而遭到人们的唾弃。

不过，这显然是一般人的思维模式，在政治家那里，政治永远都是第一位的，其他都显得无足轻重。如果用这样的标准来衡

量政治家的话，那辽太祖显然是一个政治家，而李克用充其量算是半个政治家。

李克用与辽太祖结盟后，便盼着辽太祖如期出兵帮助自己攻打朱温和刘仁恭，不料盼来盼去，却盼来了辽太祖与朱温结好的消息，不禁气了个半死。紧接着朱温废唐建立大梁，坐上中原龙椅，李克用气得终于坚持不住了，一病不起，在临终时把三支箭交给爱子李存勖，嘱其完成三大遗愿：一支箭灭亡朱温，以恢复唐室；一支箭灭亡刘仁恭，以报其负义之仇；一支箭灭亡契丹，以报辽太祖背盟之恨。

李存勖是李克用诸子中最出类拔萃的一个，自幼熟读春秋，谋略胆识皆过人，接过父亲三支箭后，掂量轻重，选择朱温为第一个灭亡目标。

为了实现这一目标，李存勖对刘仁恭父子采取"宠"的策略，在不触及底线的情况下，任由刘守光胡作非为，以收"天欲其亡，必令其狂"的效果；对契丹采取结盟策略，依父亲李克用与辽太祖结盟之故，称阿保机叔父，称述律平叔母，经常或写信或派人到契丹加以问候，时不时地还送一些礼品，以稳定后方。

辽太祖先与李克用结盟又与朱温结好，自然是出于政治考量，因此并没有计较李克用"遗箭"之事，而是派信使到太原吊唁李克用，维系双方的结盟关系，同时鉴于中原局势变化（即朱温代唐建梁，刘守光囚父自立，李存勖继父晋王爵），对涉足中原策略进行了微调：奉朱温为中原正主，与李存勖保持叔侄关系，攻打刘守光。

辽太祖奉朱温为中原正主，除了有利于自己涉足中原而外，还出于巩固汗权的考量。

辽太祖虽然是通过和平方式从遥辇氏手中接过汗权的，但汗位并不稳固，遥辇氏诸显贵、耶律氏诸显贵、诸部落夷离堇觊觎汗位者大有人在，要想坐稳汗位，就必须想办法稳固汗权。为此，他在国内采取诸多措施的同时，还把目光投向了中原，向朱温"讨封"和"联姻"。

关于辽太祖向朱温"讨封"和"联姻"不记于《辽史》而见于《新五代史》。说是辽太祖得知朱温代唐坐上中原龙椅后，派人送去良马、貂裘、朝霞锦等礼品表示祝贺，同时向朱温奉表称臣、请求册封及结为甥舅之国。朱温则提出让辽太祖先出兵帮助自己消灭李克用，并送三百子弟兵到汴京为质，然后再行册封和结为甥舅之国。辽太祖没有接受朱温的条件，册封和联姻的事情也不了了之。

此事虽然不见于《辽史》，但《五代会要》《册府元龟》《资治通鉴》等中原史籍均记载朱温登基后，辽太祖曾派一个名叫袍笏梅老的人使梁（从史籍记载来看，此人作为辽太祖信使曾多次出使汴梁）。由此可知，"讨封"和"联姻"确有其事。

纵观中国历史，中原皇帝册封少数民族首领、下嫁公主，历朝历代屡见不鲜，对此后人褒贬不一。其实这是一个双赢的选择，中原政权通过这种方式以羁縻和笼络少数民族首领，少数民族首领通过这种方式提高自己权威和巩固领导权，无所谓谁高谁低，谁荣谁耻。匈奴、回鹘如此，契丹亦如此。契丹大贺氏和遥辇氏部落首领都曾向唐廷讨封和联姻以巩固领导权，唐廷也曾赐李姓、旗鼓及下嫁公主给契丹首领。

辽太祖向朱温"讨封"和"联姻"显然也是有政治目的的，那就是想借朱温之势来巩固自己的汗权。只不过朱温老道而狡猾，借机提出让辽太祖帮助自己消灭政敌李克用的条件，辽太祖自然不愿被朱温所利用，所以放弃了借势朱温的想法。不过，辽太祖并没有因此而与朱温翻脸，仍然与其保持着通信通使关系，以期为自己出兵攻打刘守光创造外部条件。而此时幽州刘守光兄弟反目，正好为辽太祖出兵幽州创造了条件。

辽太祖担任契丹可汗四个月后，即朱温代唐建梁的同时，刘守光囚父刘仁恭自立为幽州节度使，由此惹恼了他的两位兄弟，一个是据守沧州的刘守文，一个是据守平州的刘守奇。

刘守文是刘仁恭长子，时任沧州节度使，与父刘仁恭成犄角之势，从而使幽、沧地区牢牢地掌控在刘氏父子手中；刘守奇是刘仁恭第三子，时任平州刺史，控扼榆关（今山海关），防止契丹人南下。这兄弟俩得知刘守光囚父自立的消息后，不禁心中恼怒，但都不是刘守光的对手，于是都把目光投向了契丹。

刘守奇先到幽州劝刘守光放了父亲，刘守光不仅不放人，而且扬言要杀掉刘守奇，刘守奇吓得跑回平州，自知不是二哥刘守光的对手，于是就跑到契丹请求救援（907 年 7 月）。时辽太祖刚刚担任契丹可汗半年有余，汗权并不稳固，无暇考虑幽州之事，便先将刘守奇安置在平庐城（今辽宁省朝阳市境内），并没有发兵去打刘守光。刘守奇或是感觉到辽太祖冷落了自己，或是觉得契丹不可靠，不久便逃到太原投奔了李存勖，后来又投奔了朱温，担任了后梁沧州节度使，当然这是后话。

刘守文没有去幽州劝说刘守光，而是直接率兵攻打幽州，结果连续几次都被幽州兵打败，于是派人到契丹请求援兵（909 年），时辽太祖担任可汗两年有余，汗权基本稳固，于是派妻兄萧敌鲁、六弟耶律苏率兵马前往相助。两人与刘守文在一个叫北淖口的地方会合后，向幽州进发。刘守光得到消息后，也不示弱，亲自率领部队迎战，双方在一个叫鸡苏的地方大战一场，幽州兵马大败。就在刘守光即将被擒住之际，刘守文却突发慈悲，命令手下不要伤害二弟，自己单骑前往幽州军前想劝说刘守光回心转意，结果反被刘守光擒住带回了幽州，萧敌鲁见刘守文被擒，沧州人马溃败，只好率人马返回契丹。

刘氏兄弟反目，刘守文、刘守奇兄弟先后向契丹求援，是契丹介入幽州局势，进而逐鹿中原的一次绝好机会。但当时辽太祖刚刚担任可汗，汗权并不稳固，国内形势并不乐观，一些反对者或暗中活动预谋夺权，或逃到奚族试图借奚族势力推翻辽太祖的统治，他自然不敢轻易地出兵幽州而离开大本营，所以只能应付刘氏兄弟，而把主要精力用在巩固汗权和稳定国内形势上。

辽太祖征服奚族稳定住国内局势后，才开始考虑南下幽州事宜，但就在这时发生了诸弟第一次叛乱事件（911 年 5 月），他不得不打消南下的想法，处理诸弟叛乱事宜。待处理完诸弟叛乱事件后，幽州局势再次发生了变化。

刘守光侥幸擒住兄长刘守文，随后攻取沧州，更加狂妄，竟

然在幽州建立大燕国，当起皇帝来（911年8月）。辽太祖见刘守光如此妄自尊大，便派人使梁，相约共同出兵攻打刘守光，并亲自率兵前往幽州，而此时李存勖的兵马正在攻打幽州。

本来李存勖对刘守光采取的是"宠"的策略，待时机成熟时再攻取幽州。不料，刘守光自称大燕皇帝后，便亲自率兵去攻打易（今河北省易县）、定（今河北省定县）两地。易、定是李存勖的势力范围，由此惹火李存勖，派大将周德威率军前去攻打幽州，很快将幽州包围（912年正月）。

辽太祖不想与李存勖发生直接冲突，于是改变行军路线，挥兵西进，一边征讨术不姑部，一边观察中原局势。

幽州城被周德威围攻几月，危在旦夕，于是刘守光派人向契丹求救。辽太祖一是看不惯刘守光的所作所为，二是不想与李存勖发生直接冲突，因此并没有派兵救援。但他敏锐地观察到刘守光灭亡已是时间问题，如果幽州落入李存勖之手，以后再涉足中原就不那么容易了。因此在征服术不姑后（912年7月），立即命二弟剌葛为先锋，率迭剌部人马前去攻打平州（诸弟第一次谋乱被平息后，辽太祖任命二弟剌葛为迭剌部夷离堇加以安抚），想趁李存勖攻打幽州之机攻取平州，使其成为契丹涉足中原的桥头堡。

剌葛率领迭剌部人马顺利攻取了平州（912年10月），但他并没有据守平州，而是发动了第二次叛乱，率领迭剌部人马回返，准备在辽太祖回军途中以兵逼其退位，平州遂得而复失。

在此后的两年多时间里，又发生了诸弟第三次叛乱、七部夷离堇逼宫等事件，辽太祖无心思也无时间涉足中原。但他也时刻注意着中原局势，开国称帝后，便又把目光投向中原。

3. 虎视燕云

辽太祖开国称帝时，中原局势又有了新的变化，朱温被儿子所杀；李存勖灭亡刘仁恭、刘守光父子，将幽州纳入自己的地盘（913年11月）。

李克用病逝时（908年正月），朱温正在指挥部队围攻李克用所属潞州（今山西长治），得到李克用病逝的消息后，长长地松了一口气，认为李存勖肯定会料理父王丧事，近期不会解潞州之围，攻取潞州指日可待，于是返回大梁休息。

李存勖时年虽然只有24岁，但已经跟随父王征战沙场十几年，早已是个沙场老手，他并没有按照朱温的思路出牌，而是决定立即解潞州之围。为此，他专门派人给辽太祖送去金银财宝若干，请求援兵。

辽太祖显示出一名长辈关心晚辈的姿态，对李存勖的信使说，我与晋王（李克用）结为兄弟，李存勖就如同我的儿子一样，哪有父亲不救儿子的道理，于是爽快答应出兵相助（参见《旧五代史》）。辽太祖是否真心出兵帮助李存勖暂且不论，不过李存勖或许对契丹出兵根本就没抱什么希望，抑或是为了稳定后方而抛给契丹的一个烟幕弹（即我李存勖是你阿保机的侄儿，你应该帮助我，即使不帮助我，也不能在背后捅刀子），总之他并没有等契丹援兵，而是立即率军直奔潞州，打了梁军一个措手不及，一战而解了潞州之围（908年5月）。

朱温在汴梁得知梁兵大败的消息后，不禁感叹道，生子当如李亚子（李存勖小名），我的儿子如猪狗一样没用啊！此后，两人在河北大战，几年下来，朱温被打得底气不足，开始意志消沉，吃喝玩乐起来，不仅经常到大臣家中寻乐，竟然把自己的几个儿媳妇也诏进宫中淫乐，终于惹火烧身，被儿子朱友珪杀死（912年6月）。

朱友珪本是朱温与一名妓女所生，身份卑微，加之是弑父夺取的皇权（912年6月），当上皇帝后又荒淫无度，朝中一些大臣及军中将领并不服他，朱温另一子朱友贞利用这些人杀死朱友珪夺取了皇权（913年2月）。

李存勖派周德威攻打刘守光（912年正月），将幽州围得水泄不通。刘守光在绝望中分别向朱梁和契丹求救，而朱梁兄弟争权无暇顾及他，阿保机厌恶刘守光的为人也不予理会。刘守光内无兵抵抗，外无兵救援，只好先假意向李存勖乞降，后又出城逃亡，结果幽州被李存勖攻取，刘仁恭、刘守光父子也双双被俘（913年11月）。

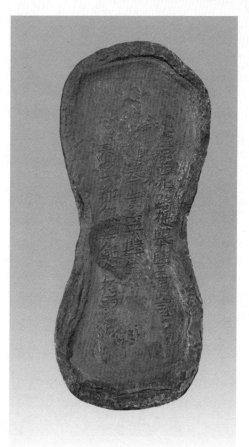

几年时间，朱温、李克用父子、刘仁恭父子三雄争锋，变成了朱梁、李晋（因李克用曾被唐廷册封为晋王，因此李存勖在建立后唐政权之前亦被称为晋或李晋）两强对决。

面对新的局势，辽太祖需要做出新的选

择，即是帮助李存勖攻打朱梁，还是结好朱梁攻打李存勖？抑或是单打独斗，或放弃涉足中原而专营草原？很明显，在这些选项中，涉足中原还是专营草原是战略问题，其他是战术问题。

在是否涉足中原的问题上，契丹国内明显存在着两种意见：一种是以辽太祖为代表主张逐鹿中原，即所谓的革新派；另一种是以述律平为代表主张专营草原，即所谓的保守派。辽太祖与述律平本为夫妻，一般而言，应该是夫唱妇随，怎么会有意见分歧呢？其实原因很简单，夫妻两人都是政治家，政治家自然有自己的政治观点，否则就不称之为政治家了。总之，由于夫妻两人的政治观点不同，从而在契丹国内形成了两种政治派别，这两种政治派别的矛盾自契丹建国前便已经存在，建国后更加明显，辽太祖病逝后开始激化，最终酿成了皇室内乱。

很显然，意见分歧是民主过程，决策是集中过程。辽太祖是皇帝自然有决策权，因此开国称帝后便把目光投向了中原。

辽太祖曾与李克用结盟，与李存勖保持着叔侄关系，又曾与朱温结好，与朱梁政权保持着通使通信关系。面对这两个势如水火的"盟友"该如何出牌呢？辽太祖是政治家，自然要用政治家的思维模式来考量问题。

中原方面，朱梁虽然代唐建梁自称中原正统，但经过一轮弑父诛兄的皇室内乱后，开始走下坡路，已无实力消灭李存勖及其他割据政权；李存勖虽然在与朱梁的角力中逐渐占据上风，但也没有一口吞下朱梁的实力，中原局势可谓是一片混乱。

契丹方面，辽太祖已经彻底清除了守旧势力，仿效中原帝制开国称帝，事业可谓是蒸蒸日上，不仅没有必要再看朱、李的脸色行事，而且完全可以趁中原混乱之机逐鹿中原。

契丹与燕云接壤，辽太祖欲逐鹿中原，就必须先获得燕云。

所谓的燕云，是指以幽州（即燕，今北京）和云州（即云，今山西大同）为中心的广大地区，以太行山为界，又有山前（南）和山后（北）之分。

辽神册元年（916年）七月，即契丹建国仅仅半年，辽太祖亲自率兵攻取朔州（今山西省朔县，《资治通鉴》记载辽太祖此次攻取的是蔚州），俘虏节度使李嗣本，接着挥兵攻打云州（今山西省大同市）。云州守将一边派人向李存勖求援，一边坚守城池。

时李存勖正在河北魏州（今河北省大名县境内）指挥部队与朱梁大战，接到契丹人马攻打朔、云等州的消息后，亲自率兵北上迎敌。

辽太祖指挥人马围攻云州城数日不下，得到李存勖亲自率军前来救援的消息后，便撤围东进，攻掠了蔚（今河北蔚县）、新（今河北省涿鹿县）、武（今河北省宣化县）、妫（今河北省怀来县）、儒（今北京市延庆区）等五州，"自代北至河曲逾阴山，尽有其地"，将武州改为归化州，妫州改为可汗州，"置西南面招讨司"管理其地，然后带着所获人口、财物返回了契丹。

李存勖见契丹人马北返，并没有追击，而是进入太原休息几日又返回河北前线。

在这次出兵燕云过程中，还有一件非常有意思的事情，那就是辽太祖特意邀请朱梁和吴越的使臣随军观看了此次军事行动。

吴越是十国之一，创建者名叫钱镠，本是一个私盐贩子，会几手拳脚功夫，后来参加地方武装，因作战勇敢升为部队首领，又经过数年打拼，以杭州为中心成为一方割据势力（893年），被唐廷封为越王（902年），朱温代唐建梁后封其为吴越王。钱镠有一个一贯的政策，就是向任何一个中原王朝称臣纳贡。不仅如此，他还不远万里向北方的契丹示好。从《辽史》记载来看，钱镠于契丹建国的前一年（915年10月）便派使臣滕彦休向契丹进贡。契丹建国后，他再派滕彦休出使契丹向辽太祖表示祝贺（916年6月）。时值朱梁使臣朗公远也在契丹向阿保机称帝表示祝贺，辽太祖于是邀请这两人随军而行，观看契丹人马攻打云朔。史载契丹人马在攻打蔚州时，城上敌楼突然倒塌，契丹人马乘势攻取了蔚州。时辽太祖引领朗公远和滕彦休环城而观，并赐滕彦休契丹名曰"述吕"。辽太祖此举无疑是在向朱梁和吴越显示自己的军事实力，大有不把中原军阀放在眼里之意。

辽太祖这次用兵燕云四月有余，可以说是在李存勖的后院走马一遭。虽然契丹人马北撤后，以上五州及有关地域又复为中原后唐政权所有，但契丹却获取了阴山以南大部分地区。

辽神册二年正月（917年），即辽太祖攻掠云朔归来不到一个月，晋新州裨将卢文进率所部人马前来投降契丹。

卢文进是范阳人，原来在刘守光手下为军将，后被李存勖俘虏投降晋军，被任命为李存矩（李存勖之弟，时为晋新州防御使）副将，因女儿被李存矩强娶为妾而怀恨在心。李存勖在河北与朱梁大战兵力吃紧，命弟李存矩招募一些新兵增援前线。不料，新兵们都不愿意离开故土前往南方，便聚在一起闹事，并推举卢文进为头。卢文进于是借机杀死李存矩，率众攻打新州和武州，想作为落脚点，结果没等攻下，便受到幽州兵的追讨，无奈之下率众投降了契丹。不过，卢文进并非真心实意投降契丹，而是想借契丹之力在长城南获取一块地盘，因此他见到辽太祖后，便极力劝说其借李存勖在河北大战后方空虚之机，攻取山北八军。

山北也称山后，山北八军是刘仁恭为了防御契丹南下在新（今河北省涿鹿县）、妫（今河北省怀来县）、儒（今北京市延庆区）、武（今河北省宣化县）、云（今山西大同）、应（今山西应县）、

寰（今山西省朔县东北）、朔（今山西省朔县）、蔚（今河北省蔚县）九州建立的八个军镇，李存勖灭亡刘仁恭父子的同时，也将山北八军收入麾下，八军总部设在新州。

客观地说，辽太祖虽然做出了逐鹿中原的战略决策，但具体的战术思想并不明确，这可能与韩延徽有关系。

韩延徽留在契丹后，立即得到辽太祖的重用，成为其得力高参，不仅在辽太祖开国称帝、设置州县安置汉人、确立因俗而治国策等方面发挥了重要作用，而且参与了辽太祖的军事行动。从史籍记载来看，韩延徽对辽太祖出兵燕云持反对态度，为此他还曾离开契丹而投奔了太原的李存勖。

关于韩延徽离开契丹投奔太原一事，《辽史》和《资治通鉴》均有记载，时间当在李存勖灭亡刘仁恭父子（913年11月）至辽太祖开国称帝（916年正月）之间。韩延徽投奔太原后，得到李存勖的重视，想把他留在身边咨用，结果遭到一个名叫王缄的人的嫉妒，韩延徽不愿被奸人所陷害，便又回到了契丹。辽太祖并没有因为韩延徽私自离开而责备和冷落他，而是更加信赖和重用，赐其名曰"匣列"（契丹语为复来之意）。

韩延徽虽然又回到了契丹，但仍然与李存勖保持着联系，并向其表示要阻止契丹南下。

虽然我们不知道韩延徽是用什么办法来阻止契丹南下的，但有一点是可以肯定的，那就是韩延徽作为辽太祖的重要谋臣，参与其军事决策和行动，对辽太祖涉足燕云肯定是有所干预，从而使辽太祖的战术思想并不明确。

卢文进率部归降契丹并献上攻取山北八军之策，辽太祖自然是不会放过这样的机会。契丹如果能够攻取山北八军，则占据了燕云半壁江山，右可攻太原，左可取幽州，进而逐鹿中原。所以

辽太祖立即行动，以卢文进为前锋，挥军攻打山北八军，并顺利攻取新州，进而收取山北八军。

时李存勖正在魏州指挥部队与朱梁大战，接到卢文进引领契丹兵马攻取山北八军的消息后，立即命令幽州节度使周德威率所部兵马前去迎击契丹。

周德威是李克用义子，也是晋军中第一员猛将，立即调集幽（今北京市）、并（今山西省太原市）、镇（今河北省正定县）、定（今河北省定县）等几州兵马杀向新州。

两军在新州大战一场，周德威兵败退回幽州城。辽太祖则乘胜追击，进而包围了幽州城（917年3月）。

幽州是契丹梦寐以求的城池，只是由于契丹兵马短于攻城，才没有大规模地攻打幽州城，如今有了山北八军，辽太祖信心十足，立即命卢文进指挥大军攻城。

卢文进劝说辽太祖攻取山北八军的目的，就是想在长城以南寻找一个落脚点，而幽州又是他的首选，因此把攻城之技全部使了出来。先是指挥蕃汉联军向幽州城发起了地面进攻，即利用冲车、云梯等常规器械攻城。然后又采取地下攻城术，即挖地道攻城。接着又使用空中攻城术，即堆起土山居高临下攻城。周德威则随机应变，不断变换守城招数。如此数月，幽州城仍然没有攻下，攻城变成了围城。

李存勖早已得到周德威兵败，契丹人马攻打幽州城的信息，但他并没有立即派兵前去增援。一方面或许是受上次契丹攻掠云朔的影响，认为契丹人马以抢掠人口和财物为目的，不久就会自动离去；一方面是晋军对朱梁作战，兵力吃紧，没有多余兵力援救幽州；还有一方面，也是最主要的方面，就是他心里有底，知道幽州城坚固，周德威坚守半年时间没有问题。因此半年之后，他才派李嗣源率军去解幽州之围。

李嗣源就是后来的后唐明宗，不过此时还是晋军中的一员大将。他常年在燕云地区作战，早就掌握了一手对付契丹骑兵的本领，在易州（今河北省易县）聚集七万兵马，选择适于步军作战的山间道路直奔幽州，行进至平坦地段后，又命令士兵砍伐树枝做成鹿角状，以阻挡契丹骑兵进攻。

此时契丹兵马已经围攻幽州近二百天，粮草不济，人马疲惫，虽然在距离幽州城六十多里处就发现了李嗣源的援军，但还是没能阻挡住晋援军前进，只好撤围而去，新州等山北八军镇又回到晋军手中。

辽太祖这次出兵燕云，虽然没能攻取山北八个军镇和幽州，但还是颇有收获。一是获取山北八军，从此契丹有了一支数量可观的汉军，填补了契丹单一兵种及短于攻城之不足；二是围攻幽州二百日，增强了契丹人马攻打中原城池的信心，为以后攻打中原城池积累了经验。

另外，辽太祖或许并不知道，契丹人马围攻幽州城近二百日，牵绊了李存勖的精力和兵力，才使得朱梁政权又苟延了几年性命。

辽神册五年（920年）九月，辽太祖派皇太子耶律倍率迭剌部兵马攻略云内、天德等地，进行试探性进攻。十月，辽太祖亲自率兵攻取天德军，更名丰州应天军（今内蒙古自治区呼和浩特市区）。

此役之后，辽太祖于辽神册元年（917年）所置西南面招讨司，有可能迁至丰州天德军城内，作为契丹政权设置于西南边陲的最高军事机构，不仅在当时有效地控制了阴山南北，而且成为终辽一世辽王朝用以南控中原、西镇党项及西夏、北慑阴山南北诸部的重要军事机构。

4．望都之战

辽太祖从幽州返回契丹，在此后的近四年时间里没有再出兵燕云，这一方面可能是他意识到攻取燕云的时机尚不成熟，另一方面有可能就是受到妻子述律平的影响。

辽太祖与述律平都是政治家，但夫妻两人的政治见解不同。辽太祖热衷于汉文化，想逐鹿中原；而述律平思想比较保守，认为契丹应该专营草原。这可以从下面一件事情中窥视一二。

辽太祖从幽州回到契丹不久，南方的吴国（十国之一）送给契丹一种猛火油，说用这种猛火油攻城，敌人如果用水来救，火势会越来越大。辽太祖听后大喜，准备挑选三万精兵再次攻打幽州。

这时妻子述律平阻止说，哪有为了试验油的效果而攻打一个国家的道理，一旦又打不胜，不但会受到中原的耻笑，恐怕我们的部落也会因此而解体。由此不难看出述律平反对丈夫涉足中原的一个很重要的原因就是，契丹涉足中原不仅没有取胜的把握，而且还很危险，有可能由此造成契丹部落解体。

其实，这是一个非常现实的问题。契丹建国时，并没有统一大漠草原诸部族，如果契丹精锐部队在出兵中原时失败，那么草原诸部族趁火打劫，就有可能使契丹遭受灭顶之灾。

对于这样的形势，显然并非只有述律平一人有着清醒的认识，而是以她为代表的保守派的共识，这其中有可能还包括韩延徽。韩延徽不一定是以述律平为代表的保守派成员，但他从中原人的角度反对辽太祖出兵南下，从而与述律平的观点一致。或许正是因为这个原因（即韩延徽与述律平政治观点一致），在辽太祖病逝后，述律平屠杀反对派时，韩知古和康默记都成了牺牲品，而韩延徽却安然无恙，甚至在辽太宗朝还被封了公爵，关于这一点后文还将详述。

辽太祖对这样的形势当然也有着清醒的认识，因此在述律平、韩延徽的劝说下，放弃了再次出兵燕云的行动。不过，他并没有放弃逐鹿中原的想法，而是时刻关注着中原局势，准备随时乘机而动，而这样的机会在四年后出现了。

辽神册六年（921年）十月，晋镇、定两州发生兵变，为契丹南下又提供了契机。

镇（今河北省正定县）、定（今河北省定县）两州是河北重镇，也是朱温与李克用、李存勖父子争夺的重点藩镇，本来朱温在代唐称帝前夜就已经迫使镇定两州归附了自己，但他始终怀疑这两州暗通李存勖，便在代唐建梁后准备派兵加以征讨，结果消息走

漏，镇定两州求救于李存勖，李存勖早就对镇、定两州虎视眈眈，立即挥军介入，不费吹灰之力便将镇、定两州纳入自己地盘。

镇州节度使王镕十几岁时便袭父节度使位，或许是由于当官太久的缘故，到后来开始笃信佛教，不理政事，引起兵将不满，属将张文礼借机鼓动兵将闹事，趁乱将王镕及全家人杀死自称留后，从而遭到李存勖的征讨。为图自保，他暗中与卢文进联系，想结契丹为外援。

卢文进自投奔契丹后，便始终想着在长城以南找一个落脚点，接到张文礼请他联络契丹出兵南下的消息后，便极力劝说辽太祖借晋镇州兵变之机举兵南下攻取幽州。

本来镇州兵变与定州没有什么关系，但定州节度使王处直也是通过兵变当上的节度使，对兵变比较敏感。在他看来，镇、定两州唇齿相依，镇州一旦有事，定州也不能自保，因此得知张文礼兵变受到李存勖的讨伐后，先是劝说李存勖不要攻打镇州，被回绝后，便暗中让儿子王郁联络契丹出兵援助镇、定两州。

王郁是王处直与一小妾所生，因父亲立养子王都为嗣子，而赌气离家只身跑到晋阳太原，被老晋王李克用看中招为女婿，几经升迁为晋新州团练使。他虽然在晋当官，却也始终惦记着继承家产，接到父亲王处直让他联系契丹出兵南下的消息后，便趁机提出让父亲废掉养子王都立自己为嗣子，当条件得到满足后，便背叛大舅哥李存勖，携家带眷投奔了契丹，认辽太祖为义父（因辽太祖曾与李克用结盟之故），极力宣传镇、定两州如何如何富裕、美女多么多么漂亮，以此怂恿义父出兵南下夺取镇、定两州。

辽太祖正时刻关注着中原局势，见镇、定两州求援，有机可乘，便准备出兵南下，以寻机攻取燕云。

述律平得知消息后，再次劝阻丈夫阿保机说：我们拥有西楼皇都牛马之富，也算得上是其乐无穷了，何必劳师动众去乘人之危获取一点点便宜呢？我听说晋王李存勖用兵天下无双，假如出兵失败，后悔就来不及了。

但是，辽太祖此时主意已定，没有听妻子的劝阻，亲自率领十万兵马，自古北口长驱直入包围了幽州城。

与此同时，定州城里又发生了兵变。王都得知义父王处直让王郁联络契丹南下的消息后，怕王郁率领契丹兵马南下攻取定州抢了自己的嗣子之位，便将王处直及家人都囚禁起来，自称留后，并上书李存勖通报了情况，李存勖于是任命王都接替王处直为节度使。

王郁得知父亲及家人被囚的消息后，劝辽太祖放弃攻打幽州城，挥军南下解救父亲。辽太祖见短时间内攻不下幽州城，便挥军南下，攻掠檀、顺、安远、三河、良乡、望都、潞、满城、遂城等十余城，攻陷涿州城，俘虏守将李嗣弼，随后兵至定州城下。

辽太祖在定州城下扎下行帐，一面指挥攻城，一面分兵前往镇州解围。

时李存勖正在指挥部队攻打镇州，接到定州王都的救援信息后，亲率五千人马去解定州之围，走到新乐正遇上前来增援镇州的契丹人马。

契丹人马没想到在新乐会遇上李存勖，被打了个措手不及，大败而逃。辽太祖见镇州人马败退下来，只好下令部队撤往望都（今河北望都）。

李存勖打仗有一个特点，喜欢单枪匹马冲锋陷阵，战场建功，因此他只在定州城住了一宿，便率一千精骑先行北追，在望都与契丹五千骑兵相遇，两军战在一起。契丹兵马在数量上占有绝对优势，很快将晋军包围起来形成围歼之势。李存勖见战场局势对自己不利，便开始寻机突围，但是试着突围几次都没有成功，眼见着就要被俘虏。

正在这时，晋军大将李嗣昭率领部队冲了上来，契丹人马见晋援军赶到，不敢再战，向北溃败而去。

时值天降大雪，越往北走，雪下得越大，平地数尺深的雪，给契丹兵马带来了巨大的损失，连冻带饿，不断有人马倒下，雪地上留下无数的人马尸体，惨不忍睹。

这是辽太祖出道以来真正意义上的第一次也是唯一一次败仗，看来世上确实没有常胜将军，此次战役史称"望都之战"（922年正月）。

5. 攻取平州

望都之战后，辽太祖很不服气，为报此役兵败之仇，又亲率人马几次南下，攻掠幽、蓟等地（922年2月），攻破蓟州，俘虏刺史胡琼（922年4月）等。

辽天赞元年（922年）十一月，辽太祖任命次子耶律德光（即辽太宗）为天下兵马大元帅，率军攻掠蓟北。

耶律德光踌躇满志，率领部队进入蓟北地区，攻取平州（今河北省卢龙县），活捉平州刺史赵思温。

辽太祖得知契丹兵马攻取平州后，非常高兴，立即从西楼皇都启程赶到平州，置契丹卢龙军，以卢文进为节度使镇守平州，然后分兵攻掠幽、蓟地区。

耶律德光率军攻至幽州城东，俘获幽州裨将裴信父子后，又一路南下，杀到镇州境内，攻陷曲阳、北平等县城。

正在这个时候，传来了李存勖在魏州建唐称帝的消息。

李存勖在望都打败契丹兵马后，回军平定镇州兵变，接着又在对朱梁的战争中取得绝对优势，灭亡朱梁已是时间问题，于是就在魏州（今河北省大名县境内）置百官，升坛称帝，国号大唐（史称后唐），年号同光（923年闰4月），同年十月李存勖灭亡朱梁，正式坐上五代中第二个朝代——后唐的第一把龙椅。

鉴于中原局势的变化，辽太祖没有再出兵中原，而是把目光收回草原。

平州是契丹辽王朝在燕云地区攻取的第一座城池，自此平州归契丹所有，直至辽亡。

第六章 统一草原

上亲征西部奚。奚阻险，叛服不常，数招谕弗听。是役所向辄下，遂分兵讨东部奚，亦平之。于是尽有奚、霤之地。东际海，南暨白檀，西逾松漠，北抵潢水，凡五部，咸入版籍。

《辽史》

1．征服室韦、乌古、敌烈

　　契丹建国之前，大漠草原上曾先后崛起过匈奴、鲜卑、柔然、突厥、回鹘等游牧政权，这些游牧政权大都有一个共同的特点，那就是先统一大漠草原，然后再图谋中原。契丹辽王朝虽然也属于游牧政权，但与以上游牧政权不同，是一边建国、一边图谋中原、一边统一大漠草原，这显然与中原五代乱世有直接的关系。

　　契丹民族发源于潢河（今西拉木伦河）和土河（今老哈河）两河流域，早期的契丹部族势力弱小，经常受到其他部族的侵袭，时有迁徙，但潢河与土河两河流域始终是契丹民族的腹地，到了契丹大贺氏部落联盟时，契丹有了固定的版图，大致范围是西拉木伦河（辽代潢河）以南，辽宁朝阳市（古时称黄龙）以北，辽河（东、西辽河合流后的南流辽河）以西，赤峰克什克腾旗以东。

　　唐朝末年，中原藩镇割据，草原回鹘汗国灭亡，契丹族获得拓展生存空间的机会，开始不断向外扩张。当时契丹的南面是燕云，西面主要是奚族，北面主要是室韦、乌古、敌烈、女真等部族，东面是渤海国。征服往往都是从最弱的部族开始的，契丹人自然也不例外，也是从实力最弱的北方诸部族开始的，辽太祖的祖父辈们都曾率兵征伐过室韦和乌古、敌烈等部族。不过，契丹大规模对外扩张却是从辽太祖开始的，首先征伐的对象自然也是北方诸部族。

辽太祖担任挞马狨沙里期间（901年以前），便参与了征伐室韦、乌古、敌烈、女真等部族的军事行动，期间曾用计降服小黄室韦部，将其一分为二纳为自己的私有部落，此后又多次用兵北方诸部，并因功被推举为迭剌部夷离堇。

辽太祖担任迭剌部夷离堇（901年）后，被契丹遥辇氏可汗授予专门负责对外征伐之权，开始率领契丹八部兵马大规模对外征伐，第一个目标仍然是北方诸部。他在担任迭剌部夷离堇当年（901年），便率领契丹八部兵马对北方诸部进行了大规模的征伐。

这次北征的最大收获是征服了室韦诸部，对乌古、敌烈诸部进行了沉重打击，征服了部分女真部族，契丹版图向东北延伸至嫩江流域，向北延伸至克鲁伦河流域。

契丹统治者对被征服的室韦诸部采取了宽松的管理方式，对留居原地的室韦诸部置为属国（大部）、属部（小部），委任其部长为首领实行间接管理，对俘虏的室韦诸部迁到别地重新置部，编入契丹部族直接管理。终辽一世，室韦诸部除在辽穆宗朝有过大规模的反辽活动外，基本上归附契丹统治。随着时间的推移，室韦诸部有的迁徙到别地与当地部族同化，不再使用室韦称谓，留在原地的室韦诸部也逐渐不再使用室韦称谓，后来发展为蒙古诸部。

在接下来的几年间，辽太祖一边征伐奚族和南下燕云，一边继续征伐乌古、敌烈和女真诸部。其中对乌古诸部最大规模的一次征伐发生在契丹建国后的第四年（919年）。

辽太祖开国称帝（916年）后，首先把目光投向中原，连续两年大规模出兵燕云，但并没有收到预期效果，即没有攻取燕云城池，特别是围攻幽州二百日无功而返（917年），这使辽太祖意识到攻取燕云的时机尚不成熟，于是又把目光收回到草原。

经过一年多的准备，辽太祖亲率大军北征（919年9月），目标便是乌古、敌烈诸部。这次北征可谓是一波三折，大军行进途中，辽太祖接到母亲患病的信息，单骑返回皇都看望母亲，待母亲病情有所好转又返回军中。大军行至乌古部驻牧地时已是当年十月，时遇天降大雪，兵马不能行进，辽太祖只好命皇太子耶律倍率先锋部队轻骑进击。或许是乌古部遭遇大雪，无法组织人马抵抗之故，

契丹人马大获全胜，俘虏人口 14000 余人，牲畜器物 20 余万。

《辽史》载乌古诸部"自是举部来附"，并不确切。其实辽太祖这次北征并没有完全征服乌古、敌烈诸部，只是重创乌古、敌烈诸部，使其元气大伤，没有实力与契丹抗衡。此后辽太祖把征伐目标转向西面诸部，在有生之年没有再对乌古、敌烈诸部用兵。

经过数年的休养生息，乌古、敌烈诸部又强大起来，趁辽太祖病逝之机，想摆脱契丹的控制。由于此时契丹正处于皇权更迭时期，因此并没有立即派兵进行征伐。

辽天显三年（928 年），即辽太宗即位的第二年，派大将耶律突吕不（即创制契丹大字之人）率军对乌古、敌烈诸部进行大规模征伐。此次征伐历时两年，最终将乌古、敌烈诸部完全征服（929年）。

敌烈诸部位于乌古诸部西面，《辽史》虽然没有契丹专门征伐敌烈诸部的记载，但敌烈诸部与乌古诸部往往同时出现，当与乌古诸部同时被契丹征服。

契丹统治者对乌古、敌烈诸部采取了不同的管理方式，留居原地的乌古、敌烈部设置属国（大部）、属部（小部），委任其首领为诸部首领进行管辖，对俘获的乌古、敌烈诸部迁到契丹腹地或别地重新编部直接管辖。因此，终辽一世，乌古、敌烈诸部分为国外（留居原地）和国内（被俘迁至别地）两种。

乌古、敌烈诸部虽然在契丹建国初期便被征服，但终辽一世，乌古、敌烈诸部时服时叛，是契丹北方最不稳定的两大部族，特别是在辽穆宗、辽圣宗、辽道宗三朝曾掀起过大规模的反辽活动，当然这些反辽活动最终都以失败而告终。

契丹辽王朝被女真人灭亡后，乌古、敌烈诸部除一部分随耶律大石西迁外，留居原地的先役属于女真人，后又役属于蒙古人，

最终同化于这两个民族之中。

2. 征服黑车子室韦

黑车子室韦原居住于东北地区，为诸室韦部落之一（有研究者认为是和解室韦部），契丹一样曾役属于回鹘政权。回鹘汗国灭亡（984年）后开始南迁，逐渐迁徙到契丹西面、奚族西北面、幽州之北，并与盘踞幽州的刘仁恭父子结成同盟，以图共同抗衡契丹。

契丹欲向西发展或图谋幽州，必须先征服黑车子室韦。因此，辽太祖在担任迭剌部夷离堇（901年）后，便把黑车子室韦作为重点征伐目标。

辽太祖第一次征伐黑车子室韦是担任迭剌部夷离堇的第四年（904年），这一年九月，辽太祖率兵征伐黑车子室韦，幽州刘仁恭遣养子赵霸率兵数万增援。辽太祖得到信息后，在一个叫桃山的地方设下伏兵，然后挑选一名室韦人，假扮成黑车子室韦首领信使到赵霸军中送信，相约两军在一个叫平原的地方会合共击契丹。赵霸不知是计，按信赴约，结果在途经桃山时被契丹伏兵全歼。

辽太祖歼灭赵霸人马后，乘胜挥兵攻击黑车子室韦，大获全胜，但并没有将其全部征服。

这次征伐黑车子室韦，使辽太祖意识到欲攻击刘仁恭，必须先剪除黑车子室韦，因此在此后的几年间连续对黑车子室韦用兵。他在担任契丹可汗当年(907年)，便亲自率兵两次征伐黑车子室韦，第二年又派二弟剌葛率军征伐黑车子室韦。辽太祖三年（909年）又派鹰军大举征伐黑车子室韦，最终将黑车子室韦征服。

征服黑车子室韦后，契丹不仅打破了刘仁恭联手黑车子室韦共同抗衡契丹的算盘，而且打通了契丹向西发展的通道。

契丹对黑车子室韦实行宽松的管理方式，将其置为属国，仍由其首领统领，由此黑车子室韦保持着相对较大的独立性，朝贡无常，并不断向西迁徙，最后迁徙到阴山地区，后来发展为蒙古先部。

3. 征服奚族

辽太祖担任挞马狨沙里期间（901年以前），就曾参与了契丹对奚族的军事行动，担任迭剌部夷离堇（901年）当年，又亲自率

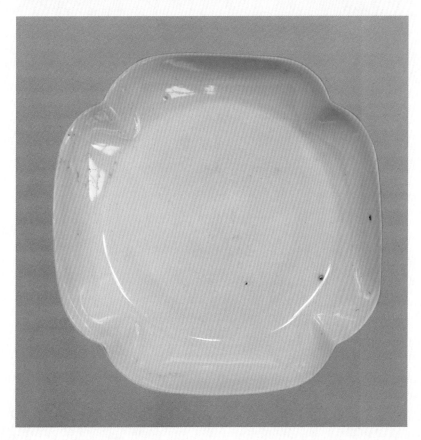

领契丹八部兵马征伐奚族。不过，这次对奚族用兵，遭到奚族的顽强抵抗，并没有取得预期效果。这使辽太祖意识到完全征服奚族的时间尚不成熟，于是他改变战略，派曷鲁前往奚营与奚族达成了暂时的联盟。此后，奚族逐渐分化为东部奚和西部奚两部分。

东部奚是奚族主体部分，遵守盟约，与契丹和平相处，西部奚是以去诸为首领的奚族部落，为了摆脱契丹的控制，西迁至长城以南的妫州（今河北省怀来县），与幽州刘仁恭父子结成联盟，以抗衡契丹。

辽太祖与奚族达成联盟后，在此后的几年间没有再对奚族用兵，对外把黑车子室韦及燕云作为主要征伐目标，对内加紧夺权活动。不过，随着辽太祖夺权活动的深入，征伐奚族再次被提到议事日程，这可能主要缘于以下两方面。

一方面，在辽太祖夺取汗权过程中，一些政敌或反对派因辽太祖的打压逃到奚族，想借奚族力量东山再起，从而使奚族出现了反辽太祖政治势力；一方面，辽太祖与中原两强李克用和朱温结盟后，攫取汗权进入倒计时，在此期间，他不希望奚族的反对派们出来搞事而影响夺权大计。因此，他在夺取汗权前夜，对奚族进行了两次打击。先是亲自率军袭击了西部奚（906年2月），然后又派偏师征伐奚族（906年11月）。

就在契丹偏师征伐奚族的过程中，遥辇氏痕德堇可汗病逝，将汗位传给（确切地说是禅位）辽太祖（906年12月）。

辽太祖在即位可汗前夜派兵征伐奚族，说明当时奚族中反对阿保机势力活动频繁，甚至有可能在辽太祖即位可汗时有所动作，所以他才加以征伐，以示震慑。不过，这股势力相当强大，特别是西部奚与幽州的刘仁恭、刘守光父子结成联盟，契丹欲征伐其不得不顾忌刘氏父子。因此，辽太祖即位可汗后并没有立即征伐奚族，而是积极备战，待时机成熟时再对奚族用兵。

辽神册四年（910年），即辽太祖即位可汗的第四年，乌马山奚发动叛乱，辽太祖由此下定决心彻底解决奚族问题。

乌马山奚是契丹早期对奚族战争中，将所俘虏的奚族人口迁到契丹腹地重新编部而形成的部落，至辽太祖担任可汗时，乌马山奚已经纳入契丹部族管理体制，隶属契丹北或南宰相府管辖。这次乌马山奚叛乱，显然与辽太祖担任契丹可汗有关系，即是受到了反辽太祖政治势力的鼓动，因此辽太祖才下定决心彻底解决奚族问题。

辽太祖亲自率兵平定乌马山奚叛乱后（910 年 10 月），立即挥军征伐西部奚（911 年），西部奚凭借险要地势阻击契丹进攻，战斗异常激烈和残酷。在交战的过程中，西部奚叛服无常，给契丹人马造成了很大的损失。不过，冷兵器时代，战争胜负取决于军事实力，在契丹强大铁骑征伐下，西部奚最终被征服。

在契丹征伐西部奚的同时，东部奚也出现了叛乱。辽太祖于是挥兵东进，一鼓作气又征服了东部奚，尽有奚、霫之地。

霫族，居住于奚族之北，契丹之西，与契丹和奚同为东部鲜卑宇文部成员。《辽史》中虽然没有契丹专门征服霫族的记载，但从史籍记载来看，霫族当与奚族同时被契丹征服。

确切地说，这次战役，契丹征服了东部奚和西部奚大部，居住于妫州地区的西部奚主体部族并没有完全被征服，这部分奚族在辽太宗朝随燕云十六州一起归附契丹，此是后话。

尽管如此，通过这次战役，契丹将长城以北奚、霫之地全部纳入版图。大致疆域为，东至辽河（南流辽河）、嫩江一带（与渤海国、女真相邻），北至克鲁伦河、呼伦湖，西至阴山（今内蒙古呼和浩特市一带），南至长城。

征服奚族后，如何管理奚族，是契丹统治者必须认真考虑的问题。

奚族与其他部族不同，从历史渊源上来讲，契丹与奚早期同为东部鲜卑宇文部成员，后又同为库莫奚部落联盟成员，再后来虽然各自走上独立发展道路，但始终相邻而处，唇齿相依，期间虽然时有战争，但更多的是联合一致对外，两族语言、习俗相同，实如兄弟。从部族发展上来看，契丹虽然建立了国家，但奚族亦早已形成具有国家性质的五部联盟，有一套相对完整的政权机构

和管理模式。从经济社会发展水平上来看，奚族地接中原，经济社会发展水平还要高于契丹。同时，奚族有五部，只比契丹八部少三部，其人口应不在少数，是契丹国内仅次于契丹人口数量的游牧部族。

对于这样一个政治、经济、文化等诸方面都不比自己差、人口数量也不比自己少多少的部族，应该如何管理呢？是将其完全纳入契丹管理体制，还是将其分解迁徙别地化整为零？可以肯定的是，契丹统治者们从心里是想把奚族整体纳入契丹管理体制的，但就现实而言，契丹并没有一口吞下奚族的条件，因此契丹统治者们采取了三步走策略。

第一步，安抚。一是保留奚族现有政权机构和管理体制，由奚王继续管理；二是将奚王家族析为帐族，享有世选奚王特权；三是联姻，赐奚族为契丹后族萧姓，契丹皇帝及皇族显贵娶奚族女人为妃、妾。

第二步，削权。一是将奚王选举制变成任命制。奚与契丹一样，部落首领实行世选制，五部各自选举出部落首领，五部首领再选举奚王（奚五部联盟首领）。这样的政权体制显然是契丹统治者所不能接受的，不过辽太祖征服奚后并没有对此强行改变，而是寻机加以解决，而这样的机会10年后便出现了。

辽天赞二年（923年）三月，即契丹攻取平州（923年正月）不久，居住于山海关和秦皇岛附近的奚族，在其首领胡损率领下起兵反辽。这部分奚族是东部奚扒里厮部之一部或其一个家族，当年（911年）辽太祖征服西部奚和东部奚时，此部奚因居住于山海关、秦皇岛附近而没有受到征伐，契丹攻取平州后，山海关及秦皇岛为契丹所有，此部奚也随之沦为契丹所属，因不愿意被契丹奴役而起兵反辽。时辽太祖正在平州，得到胡损起兵反辽的消息后，亲

自率兵平定了此次叛乱。

从《辽史》记载来看，辽太祖对此次叛乱的镇压是非常残酷的，叛首胡损射鬼箭，一次性沉河三百人等。辽太祖何以如此残酷镇压此次叛乱呢？其实就是想借此次事件对奚族诸显贵进行震慑，进而为他对奚族动大手术创造条件。叛乱平定后，辽太祖将此次所俘叛乱奚户与附近奚族散户及原来所俘奚叛户合并编为堕瑰部，由此奚族由原来五部变为六部，称奚六部或六部奚，统归奚王府管辖，任命勃鲁恩为奚王统管之。由此不难看出，辽太祖借平定山海关、秦皇岛奚族叛乱之机，将奚王选举制变成了任命制，从而将奚王控制在手中。虽然此后奚王仍由奚族某一家族世选产生，即存在着世选制，但奚王要由辽廷皇帝来任命，世选制实际上只是一种形式和荣誉。

接着是改革奚王府政权机构。这项工作是由辽太宗耶律德光完成的，当然也不是硬性的行政命令，而是寻机完成的。

辽会同元年（938年），辽太宗获取燕云十六州，居住于妫州的西部奚也由此划归契丹。这部分奚是反对契丹统治的顽固派，在刘仁恭父子灭亡后归附李存勖（913年），被赐李姓，仍居妫州。随着燕云十六州归属契丹，这部分奚自然也就役属于契丹。但这部分奚并非心甘情愿地归附契丹，而是在契丹人马的多次征伐下才归附的。总之，随着燕云十六州归属契丹，奚族全部役属于契丹。辽太宗借燕云十六州归属之机，将契丹国号改为大辽，对国家政权机构进行了一次汉化改革，同时对奚王府政权机构也进行了改革，增设了一些新机构，当然这些机构的官员都是要由辽廷皇帝任命的。

奚王府从奚王到要枢官员都由辽廷皇帝来任命，标志着奚王府已经完全掌控在辽廷皇帝手中。

第三步，消化。契丹将奚王府掌控在自己手中，也只是从行政体制上控制了奚族，要想将整个奚族完全纳入契丹管理体制，还需要有一个消化的过程，良方妙药就是时间。

辽太宗之后，契丹统治者们对奚族采取了逐渐"瘦身"策略，借奚族首领犯错之机或找借口，对奚族首领进行处罚，对奚部族进行合并整编等，逐渐削权、弱势，一直到辽圣宗朝，契丹辽王朝逐渐进入鼎盛成为东北亚强权，才彻底解决奚族问题。

辽统和十四年（996年），奚王和朔奴在率军征讨兀惹部时兵败，辽圣宗借机削夺其爵位，将奚六部降格隶属契丹北宰相府管辖，至此奚族全部纳入契丹管理体制。辽统和二十年（1002年），奚王将七金山土河川牙帐地（今赤峰宁城县大明镇，即辽中京城所在地）献给辽廷，辽统和二十五年（1007年），辽圣宗在奚王牙

帐地建筑中京城，至此，契丹统治者们经过 100 年的努力，终于将奚族全部消化。

不过，奚族虽然被契丹消化了，但并没有完全同化于契丹族，辽末奚族首领回离保趁辽亡局势混乱之机，率众在山海关、秦皇岛即原东部奚胡损居地又建立了大奚国政权，妄想恢复奚族往日的辉煌。

4. 征服西鄙诸部

契丹征服奚族后，疆域向西推进至阴山，向南推进至长城沿线，从而完全打通了向西发展和出兵燕云的通道。不过，在此后的几年间，发生了诸弟叛乱、七部夷离堇逼宫等事件，辽太祖并没有大规模地西征和出兵燕云。契丹建国后，辽太祖把目光投向燕云，也没有大规模地向西发展，只不过是为了选择出兵燕云的最佳路线，而对居住于阴山一带的突厥、吐谷浑、党项、沙陀等部族进行了小规模用兵。契丹攻取平州不久，李存勖灭亡朱梁，辽太祖才把目光收回到草原。

在契丹攻取平州的同时，李存勖在魏州（今河北省大名县）称帝（923 年闰 4 月），随后只用了半年时间便将朱梁灭亡（923年 10 月）。后梁自朱温至朱友贞仅传三帝，历一十六年而亡，五代中的第一个朝代后梁就此结束，李存勖正式坐上五代中第二个朝代——后唐的第一把龙椅。

中原局势变化，使契丹统治者们面临着新的选项：是继续逐鹿中原，还是经营草原。逐鹿中原显然是一条未卜之路。朱梁灭亡后，契丹再出兵燕云或河北，面对的不再是朱梁与李存勖混战的乱局，而是将与中原新主后唐政权直接交兵。就双方的军事力量和经济实力而言，契丹均处于下风，不仅取胜的几率几乎为零，而且还有可能被后唐击败而导致国家灭亡。

经营草原也同样存在着变数。李存勖灭亡朱梁入主中原时，契丹还没有统一大漠草原，要想真正地成为草原霸主，还需要完成两项任务，一是征服西鄙诸部，一是征服东面的渤海国。

所谓的西鄙，主要是指以乌德健山（即郁都军山，今蒙古境内，辽代时称乌山）和金山（今阿尔泰山）为中心的广大地区。渤海国是以粟末靺鞨人为主体民族建立的政权，以辽河（南流辽河）为界与契丹毗邻。西鄙距离契丹西楼皇都有数千里之遥，契

丹征服西鄙诸部就要远离皇都大本营，容易造成后方空虚。渤海国立世 200 余年，曾被世人称为"海东盛国"，政治、经济、文化诸方面都比契丹发达，要想征服这样一个国家更非轻而易举之事。

还有一个更为现实的问题，那就是当年（908 年）李克用病逝时，曾遗三支箭给儿子李存勖，嘱其完成三大遗愿，即灭亡朱梁、刘仁恭父子和契丹。如今李存勖灭亡了刘仁恭父子和朱梁政权，下一个攻击目标就是契丹，他极有可能趁契丹西征或攻打渤海国后方空虚之机，攻击契丹大本营，进而消灭契丹。退一步来说，即便是后唐政权不主动攻击契丹，而是把削平中原诸割据势力作为第一目标，那留给契丹统一草原的时间也是有限的，即契丹必须在后唐政权平定中原诸藩镇之前统一草原，否则同是游牧民族的李存勖肯定会涉足草原事务，届时契丹就会处于被动境地，同样有被后唐政权消灭的危险。

也就是说，无论是逐鹿中原还是经营草原都是一个艰难的选择。正因为此故，契丹决策层在这两个选项上存在着严重的分歧，这可以从辽太祖出征前的一番讲话中窥视一二。

辽太祖在率军西征当天，召开有皇后述律平、太子耶律倍、大元帅耶律德光、北南宰相、诸部首领参加的会议，作了长篇讲话，大致意思是：圣主明君一万年才出一个，我阿保机上承天命，下统群生，每次统军征伐，全是奉上天的旨意，所以才能够做到谋略上取舍自如，大军所到之处，远近部族全部归附。契丹国家建立后，各项制度完备，子孙们没有什么可忧虑的；人生有期，三年后初秋，就是我的归期；只是还有两件事情没有完成，剩下的时间不多了，要抓紧时间完成。

这番话大致说了四层意思，一是我阿保机是神人，是奉天命在行事；二是契丹国家已经建立了皇权世袭制，子孙们完全可以继承皇权，没有什么可忧虑的；三是三年后的初秋是我的归天之期；四是在有生之年要完成西征和灭亡渤海国两件大事，即统一草原。

这其中最耐人寻味的是辽太祖谈到了自己的死。众所周知，在一千多年前所谓的"迷信"社会都是避讳谈死的，即便是辽太祖这样杰出的政治家也不会例外。那么，辽太祖为什么要在即将出征前说到自己的死呢？其实答案就在讲话之中。

从辽太祖这番话的意思及随后让皇后述律平辅佐太子耶律倍监国，次子耶律德光随军西征的安排中，我们不难发现，西征和攻打渤海国的阻力非常大，这种阻力来源于契丹对西征和灭亡渤海国没有必胜的把握，即便是在大军即将出征时诸臣僚和诸部首领的意见仍然没有统一。辽太祖已经意识到，这种阻力将对西征甚或是国家发展带来不利的影响，因此他在西征大军临行前，特意召开了有关人员会议讲了这番话，意思非常明确：一是西征和灭亡渤海国并非我阿保机个人意愿，而是奉天命行事，大家都得无条件服从；二是我阿保机一旦在战争中有什么不测，由太子耶律倍继承皇位；三是在死之前（三年之内）一定要征服西鄙诸部和灭亡渤海国。

很明显，这番话是讲给出征和留守大本营的主要人员听的。也就是说，反对西征和攻打渤海国的人就在会议室内，亦即这些

人在契丹国家决策圈内，有可能就是以述律平为代表的与辽太祖政见不同的保守派。由此不难看出，随着中原局势的变化，契丹国内以辽太祖为代表的革新派与以述律平为代表的保守派之间的矛盾已经开始尖锐化，甚至波及契丹国家政治体制。即契丹国家是继续向封建制王朝发展，还是维持原来的汗国体制。

辽太祖毕竟是杰出的政治家，总是有办法征服所有反对者。面对以妻子述律平为代表的保守派，他以神人自居，摆出奉天命行事之姿态，反对者们只好无条件服从了（两年后，述律平就是以次子耶律德光是神人下凡而废长立次的；几年后，辽太宗也是以奉天命行事而说服诸酋长出兵南下灭亡后唐的）。

经营草原同样面临着选项，那就是先征服西鄙诸部还是先灭亡东面的渤海国。

先征服西鄙诸部，东面的渤海国会不会乘虚而入，在契丹背后捅刀子？先攻打渤海国，西鄙诸部会不会趁机袭击契丹？这又是一个艰难的选项。

从史籍记载来看，在这两个选项上，契丹决策层同样也是有分歧意见的。太子耶律倍主张先攻打渤海国，耶律铎臻（与阿保机为一爷之重孙）主张先征服西鄙诸部。辽太祖先是倾向于太子意见，后来被耶律铎臻说服，决定先征服西鄙诸部。

辽太祖战术思想的转变有可能是实战的结果。根据《旧五代史》等中原史籍记载，辽太祖在辽天赞三年（924年）七、八月间曾攻打渤海国无功而返。《辽史》则记载辽太祖这年六月"徙蓟州民实辽州地。渤海杀其（辽州）刺史张秀实而掠其民"，七、八月时已然在西征途中。上述记载虽然时间上有差异，但从中不难看出这样的信息：辽天赞三年（924年）上半年，即辽太祖率军西征前曾与渤海国交兵。这次交兵有两种可能性，一是辽太祖准备先攻取渤海国，然后再征服西鄙诸部；一是辽太祖采取声东击西之策略，即假装攻打渤海国，实是西征。而第一种可能性更大一些。进一步来说，辽太祖首先选择的是攻打渤海国，由于无功而返才决定先西征的。

总之，辽太祖最终的决策是先西征后攻打渤海国。

辽天赞三年（924年）六月，辽太祖以太子耶律倍监国，地皇后述律平辅佐太子坐镇西楼皇都，次子耶律德光为西征先锋官开始西征。

契丹西征大军自西楼皇都径直北行，过赤山（今赤峰巴林左旗乌兰达坝山脉），经过近两个月的行军，到达胪朐河岸边的乌孤山扎下大营（924年8月）。

胪朐河（今蒙古国克鲁伦河）是呼伦湖的主要源流，这里水丰草美，是乌古、敌烈诸部的驻牧地。乌古、敌烈诸部是契丹较早征服的部族，也是最叛服无常的部族，辽太祖及太子耶律倍都曾多次率兵平息过乌古、敌烈诸部反叛。

辽太祖将西征的第一站选在乌孤山，并不是乌古、敌烈、室韦诸部又发生了叛乱，而是从稳定后方考虑。契丹大军西征，必然要远离西楼皇都，如果乌古、敌烈、室韦诸部乘机发动叛乱，契丹大军将鞭长莫及，后果不可预料。因此辽太祖首先来到乌孤山，观察一下乌古等部对契丹西征的反应。

扎下大营后，辽太祖一方面分兵对经常反叛的部族进行征讨，以示军威，一方面召乌古、敌烈、室韦诸部首领前来行帐述职，接着又带领诸部首领在乌孤山下以鹅祭天，让其进一步表明归附之心意。经过一段时间的观察，见诸部没有什么异常反应才率军开始西征。

契丹大军沿胪朐河溯流西进，一边征服沿途部族，一边行猎以充实军需，经过多日行军，翻过狼居胥山，到达古回鹘城（924年9月）。

古回鹘城（今蒙古国哈喇八喇哈孙）位于郁督军山脉东北侧的鄂尔浑河上源左岸，此河是北方草原最大湖泊贝加尔湖的主要源流，也是草原民族聚集的腹心地域。郁督军山则是大漠草原统治民族汗庭所在地。自匈奴汗国至回鹘汗国破灭的一千多年的时间里，郁督军山是匈奴单于庭、柔然可汗庭、突厥大可汗帐、唐安北都护府、后突厥牙帐、回鹘牙帐的所在地。回鹘汗国灭亡后，回鹘牙帐废弃，被称为古回鹘城。

鄂尔浑河流域广阔，主要居住着三大部族：鄂尔浑河干流流域的阻卜诸部、西北部剑河流域的黠戛斯部、东北贝加尔湖地区的嘔娘改部。

阻卜，亦称鞑靼，即蒙古部族的

先民，亦属于东胡族系，主要是由西迁的室韦人在迁徙过程中，接收吸纳其他部族人发展而形成的众多新的部族。黠戛斯，亦称隔昆、坚昆、护骨、结骨、契骨、纥骨等，传说是汉代李陵之后裔，曾为薛延陀汗国属民，后来又受回鹘汗国统治。840年，黠戛斯推翻回鹘汗国统治，但并没有建立起强大的汗国，仍然聚居于剑河（今俄罗斯境内叶尼塞河上游）流域。嗢娘改，亦称斡朗改，即后来的兀良哈蒙古部落，生活在贝加尔湖附近的森林之中，亦被称为林中百姓。

在冷兵器时代，弱肉强食这一生存法则同样适合于人类战争。阻卜诸部并没有形成强大的军事联盟，根本无力阻挡契丹铁骑，归附契丹是他们最明智的选择。黠戛斯和嗢娘改部自然也不甘落后，纷纷派使请附契丹。

辽太祖命人在鄂尔浑河流域凿石取水，用车送回木叶山和潢水（今赤峰境内西拉木伦河），以示契丹国山岳海川广阔之意；又在古回鹘城立碑，用契丹、突厥、汉三种文字刻记西征的功绩，与新附诸部首领在郁督军山下杀鹿祭天。修整一些时日后，率大军继续西征，进入金山（阿尔泰山）一带，这里杂居着突厥、沙陀、吐谷浑、回鹘、阻卜等部族。

吐谷浑族是辽东鲜卑慕容氏的一支，吐谷浑原为人名，是东部鲜卑慕容氏单于涉归的长子，涉归死后，因为兄弟不和，吐谷浑率部西迁来到了河西走廊地区，不断发展壮大。其后人以祖吐谷浑为族称，建立了吐谷浑汗国。吐蕃兴起后，吐谷浑被吐蕃所灭，其部族散居于大漠草原之中。

沙陀原名为处月，为西突厥别部，因居住在名为沙陀的沙漠一带，因此号称沙陀突厥，简称沙陀。李克用家族便源出于沙陀突厥，本姓"朱邪"，至其父亲朱邪赤心时，因帮助唐廷平叛有功，被赐唐皇室李姓。

契丹大军搂草打兔子般征服诸部，并穿过流沙攻下浮图城（今新疆吉木萨尔土城子，这里曾是唐廷庭州及北庭都护府所在地，后入西州回鹘），尽取除甘州、西州回鹘以外的西鄙诸部（924年10月）。

对于甘州回鹘和西州回鹘，辽太祖并没有以兵征服，而是采取了招降之策。

回鹘，亦称回纥，源出丁零。在首领骨力裴罗时建立了回鹘汗国（公元744年），成为大漠草原的统治者，时契丹也在回鹘政权的统治下。回鹘汗国统治大漠草原近百年，被黠戛斯灭亡（公元840年），除部分留居原地外（述律平先祖便是此时留居在契丹），大部分回鹘人分数支西迁。一部回鹘人西迁到河西走廊，定都甘州（今甘肃省张掖市）建国，称甘州回鹘或河西回鹘；一部回鹘人西迁到高昌（今新疆吐鲁番市），以吐鲁番盆地为中心建国，称西州回鹘或高昌回鹘、和州回鹘。

辽太祖对甘州回鹘采取了先征伐后说降之策，在俘获了甘州回鹘都督毕离遏之后，便遣使给甘州回鹘乌母主可汗送去了一封信（924年11月），大致意思是：如果你思念故国（即辽太祖刚刚征服的古回鹘城所在的鄂尔浑河流域的广大地区），我立即就可以让你回到故地，如果你不想回到故地，那这些地盘就是我的。这件事由我决定，也要看你怎么选择了。

很显然，这番话语软硬兼施，即回鹘汗国故地，已经被我契丹征服，如果回鹘人归附我契丹，我就可以让你们回到故地。乌母主可汗自然清楚阿保机这番话语的用意，迫于契丹的压力，举国归附了契丹。

西州回鹘在阿保机担任契丹可汗时（907年），就曾派人向契

丹进贡，此后，双方就保持着通好关系。因此，在契丹攻取浮图城，大军压境的局势下，更是主动与辽太祖联系，举国归附契丹。

终辽一世，高昌回鹘和甘州回鹘始终与契丹保持着良好的经贸关系，契丹统治者们特意在上京汉城内设置回鹘营以方便回鹘商人经商做买卖。当然，回鹘人对契丹的回报也是相当丰厚的，正是回鹘人与契丹的商贸活动，搞活了契丹与西域的经济，在促进契丹经济繁荣、社会发展的同时，还使契丹国家的影响力延伸至西域及更远地区，同时回鹘人在契丹统治西鄙诸部及后来控制西夏

党项诸部时也都发挥了重要作用。

　　辽太祖只用了半年时间，便将西鄙诸部征服，尽有西鄙之地。接下来，辽太祖又派大元帅耶律德光率军攻掠了党项诸部（925年2月）。

　　党项族是以羌族为主体民族的多民族部落群体，其先民早期聚居于青海黄河河曲一带，后经多次迁徙，来到黄河以西及河套地区，并逐渐发展为八部，其中以拓跋部（以北魏鲜卑后裔为主体所组成的部落）势力最强。

　　在契丹铁骑的征伐下，一些党项部落被征服，迁到契丹西南边境地带居住，成为契丹的属部。

　　辽太祖安排好新征服地区的善后事宜后，开始率大军回返，于辽天赞四年（925年）九月，回到西楼皇都。

辽太祖此次西征，从出发到回到西楼皇都，历时一年零三个月，不仅征服了西北及西鄙诸部，使契丹疆域向西推至金山（阿尔泰山）一带，北到色楞格河流域，最北至贝加尔湖一带，南接长城沿线，基本上奠定了契丹辽王朝的西、西北、北部疆域，而且还开通了一条草原丝绸之路。西域诸国商贾沿着辽太祖的西征路线，纷纷来到契丹西楼皇都经商，从而开启了契丹与西域的交流之门。

十二月乙亥，诏曰："所谓两事，一事已毕，惟渤海世仇未雪，岂宜安驻！"乃举兵亲征渤海大諲譔。皇后、皇太子、大元帅尧骨皆从。

《辽史》

1. 海东盛国

渤海国是由粟末靺鞨族为主在东北建立的政权，渤海国的建立与契丹有着直接的关系。

靺鞨族是中国东北古老民族肃慎族的后裔，汉魏时称挹娄，南北朝时称勿吉，隋唐时称靺鞨。隋朝时，靺鞨有数十个部落，主要部落有7个，粟末靺鞨是其中之一，因居住于粟末水（今吉林境内松花江）故以名。

隋文帝杨坚时期（581—604年），一部分粟末靺鞨人（约数万人）不愿忍受强邻高句丽的压迫，在大首领突地稽带领下内附隋朝，隋文帝将这部分粟末靺鞨人安置在营州（今辽宁省朝阳市）定居；唐朝灭亡高句丽（668年）后，将一部分靺鞨人和高句丽人迁到营州。这两部分靺鞨人与契丹、奚、乌桓、鲜卑、突厥等杂居于营州，从而使营州地区民族关系非常复杂。

　　武则天万岁通天元年（696年），营州地区连续几年饥荒，民不聊生。唐营州都督赵文翙不管百姓死活，仍然花天酒地，欺辱少数民族首领，从而引起人们不满。契丹大贺氏可汗李尽忠及归诚州刺史孙万荣率部起兵反唐，居住于营州的靺鞨人和高句丽人也参加了李尽忠的反唐队伍。当时居住于营州的靺鞨人领导层是大氏集团，李尽忠授靺鞨人首领乞乞仲象为大舍利（有研究者认为，渤海国王族大氏姓氏便来源于此）。武则天为了瓦解起义队伍，以笼络手段封靺鞨人首领乞四比羽为许国公，封乞乞仲象为震国公，并赦免了他们反对唐王朝的罪行。

　　乞四比羽和乞乞仲象不愿被武则天所利用，拒绝了封爵，乘营州大乱，率部众及部分高句丽人东渡辽河，返回故地长白山。

　　武则天当时无暇顾及靺鞨人东返，待平定契丹兵乱后，派契丹降将李楷固等率军东击逃亡的靺鞨人。

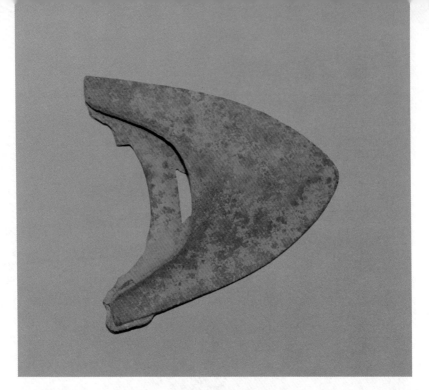

靺鞨人一边东返，一边与唐军作战。期间乞四比羽阵亡，乞乞仲象病逝。乞乞仲象之子大祚荣率众继续东返，并在天门岭（今辽宁省彰武附近，一说是吉林哈达岭）打败追击的唐军，终于返回故地牡丹江。

大祚荣率众返回故地，在当地引起了强烈震动，流散于各地的靺鞨人纷纷前来投奔，甘愿受他领导。大祚荣于是以牡丹江流域为中心，以其父乞乞仲象震国公封号为国号，建立了震国，自立为震国王（698年）。

武则天病逝，唐中宗李显恢复帝位（705年），唐廷首次派人出使震国联系沟通，大祚荣遂向唐廷称藩，震国成为唐朝的附属国。唐玄宗李隆基即位（712年），正式册封大祚荣为渤海郡王，定国号为渤海，原来的震国之名不再使用（713年）。

经过历任国王的努力，渤海国迅速强盛起来，至第十任国王大仁秀、第11任国王大彝震在位时，渤海国达到鼎盛，辖有5京15府62州130余县，被世人称为"海东盛国"。但是，渤海国也没有跳出月圆则亏、盛极而衰的事物发展规律，随着时间的推移，渤海国也逐渐地衰落下来。

或许是历史的巧合，渤海国传 15 位国王，契丹营州兵败至辽太祖亦传 15 位可汗（李失活至辽太祖），渤海国第 15 任国王大諲譔与辽太祖又是同一年（907 年）登上国家元首之位。但是，数字巧合不等于国运相同。

大諲譔登上渤海国王位时，渤海国已经是国势衰败，政治腐败，内部矛盾重重，大諲譔本人昏庸无能，吃喝玩乐，一副末世国王之相，自然就逃不过被灭亡的命运。

2. 世仇恩怨

辽太祖结束西征回到皇都后，便召开臣僚会议，商议东征渤海国事宜。他对臣僚们说道："所谓两事，一事已毕，惟渤海国世仇未雪，岂宜安驻！"这里所说的两事，即辽太祖西征前在群臣会议上提出的，要在有生之年完成征服西鄙诸部和灭亡渤海国两件大事。从辽太祖的话来看，他要灭亡渤海国的原因是报世仇。那么，这个"世仇"是什么呢？综合史籍记载来看，可能与三个方面有关系。

一是契丹营州兵败与靺鞨人有关系。当年契丹营州起兵反唐时，居住于营州的靺鞨人也参加了反唐阵营，其首领乞乞仲象还被契丹可汗李尽忠册为大舍利。但是，靺鞨人并没有与契丹一起攻打唐兵，而是乘机东返故地建立了渤海国。从战争胜负的角度来看，靺鞨人临阵退出，削弱了契丹反唐力量，亦是导致契丹兵败的一个重要因素。契丹人由此对靺鞨人甚至对渤海国耿耿于怀，记恨在心，也在情理之中。

二是辽太祖父亲的死与渤海国有关系。所谓的"世仇"，一般可理解为家族祖先之间的世代恩怨。也就是说，辽太祖所说的"世仇"，可能是指其祖先与渤海国之间的恩怨。辽太祖父亲英年早逝，死因不明。从史籍记载来看，渤海国与契丹为邻，双方为了争夺土地曾有过交兵，辽太祖的父亲有可能在与渤海人的战争中阵亡，由此辽太祖记恨在心，要灭亡渤海国为父报仇。

三是契丹在与渤海国长期的交兵中处于劣势。契丹营州兵败后，靺鞨人建立的渤海国臣属于唐朝，很快发展强大起来，成为东北一方强权；契丹却因营州兵败，元气大伤，不得不依附于突厥和回鹘政权，契丹发展也由此进入低谷时期。契丹与渤海国相邻，自然会发生矛盾和纠纷，甚至是战争。在这个过程中，由于契丹处于劣势，必然是吃亏的一方，由此双方结下梁子，被辽太祖称为"世仇"。

从史籍记载来看，回鹘汗国灭亡后（840年），契丹摆脱了回鹘政权的控制，立即与唐朝恢复了隶属关系，从此走上图强之路，开始拓展生存空间，不断向周边诸部用兵，自然也包括渤海国在内。

史籍中虽然没有契丹与渤海国直接交兵的记录，但却有辽太祖经营辽东的记载。通过这些记载，我们完全可以肯定，辽太祖东征渤海国的行动，绝非"世仇"之故，而是早就在他统一北疆计划之中。

辽太祖在担任迭剌部夷离堇（901年）后，就已经把眼睛瞄准了辽东地区，并开始有所行动。

辽太祖二年（908年），辽太祖"筑长城于镇东海口"。这个长城的具体地点史籍没有明确记载，但经有关专家考证，此长城位于辽宁省大连市南端最狭处，即黄海大连湾与渤海金州湾最狭处，长约12华里，说明至迟这一年契丹已经开始经营辽东。辽太祖三年（909年），辽太祖"幸辽东"，说明契丹势力已经伸入辽东腹地。辽太祖九年（915年）辽太祖"钓鱼于鸭绿江，新罗遣使贡方物，高丽遣使进宝剑"，说明契丹势力已经延伸到鸭绿江边，并与朝鲜半岛上的新罗、高丽政权建立了联系。辽神册三年（918年）辽太祖"幸辽阳故城"，说明契丹已经据有辽阳故城。辽神册四年（919年）"修辽阳故城，以汉民、渤海户实之，改为东平郡，置防御使"。说明最迟在这一年，契丹已经据有辽东大部分地区，

并且对辽东重镇辽阳故城进行修葺，升为东平郡，设置军事机构，开始正式经营辽东地区。

　　从中不难看出，契丹占据辽东，大致用了20余年的时间，其过程并非全部军事征服，而是采取了"蚕食"策略。

　　契丹对辽东地区采取"蚕食"策略，说明当时的辽东地区并非全部为渤海国所有，而是"非军事控制区"，这显然与唐末中原局势混乱有关。

辽东地区自古为中原政权所统治，以辽阳为中心经营辽东、东北、朝鲜半岛等地区。唐末中原战乱，契丹崛起，逐渐占据辽西地区，阻断了中原政权与辽东地区的陆路通道，唐王朝逐渐失去了对辽东地区的控制力。当时渤海国为唐王朝附庸且进入内乱时期，自然是不敢也无力向南扩张，抢占"东家"（唐朝）地盘的，从而为契丹进入辽东地区提供了机遇。辽太祖于辽太祖二年（908年）"筑长城于镇东海口"，显然是看中了朱温代唐建梁，中原政权无暇顾及辽东的最佳历史机遇。契丹"筑长城于镇东海口"，从陆路和海路封锁了中原至辽东及渤海国的通道，从而可以放手占有辽东和攻打渤海国。

当然，对于契丹对辽东的经营，渤海国显然不会熟视无睹，无动于衷。辽天赞三年（924年）五月，即辽太祖西征前，把从蓟州掠来的民众移居到辽州（今辽宁省新民县境内）地区，以充实这一地区人口（实是为了防御渤海国趁契丹西征之机偷袭契丹），渤海国随之派兵攻陷辽州，杀死辽州刺史张秀实，抢掠部分民众而去。

这件事至少说明，中原政权丧失了对辽东地区的统治能力后，契丹与渤海国都想占有这块土地，最终契丹得手。

契丹据有辽东地区，完成了从南面、西面、西北面对渤海国的包围，因此辽太祖在李存勖灭亡朱梁，中原局势发生新的变化后，将目光收回草原，把第一个攻击目标选为渤海国，只不过权衡利弊后，最终选择了先西征。

3. 灭亡渤海国

辽太祖结束西征回到西楼皇都后，立即召开军事会议研究攻打渤海国事宜，但是军事会议进行得并不顺利，出现了反对意见。

反对派的理由是比较充分的，比如契丹大军刚刚西征回来，人马疲惫，不宜立即发动对渤海国的战争；再比如渤海国已经立世 200 余年，攻打这样的国家没有必胜把握，时机尚不成熟等等。但是，所有反对理由在辽太祖那里都是不成立的，因为攻打渤海国不仅仅是既定目标，更主要的是中原局势出现了有利于契丹攻打渤海国的机会。

唐王朝灭亡后，渤海国附庸于五代的朱梁和后唐政权，并与后唐政权保持着密切关系，契丹攻打渤海国，后唐政权自然不会坐视不管。

李存勖灭亡朱梁入主中原后，采取征伐或诏喻手段，使中原诸藩镇纷纷归附，只有吴国和西蜀没有归附。权衡利弊后，李存勖决定派大军入川先平定西蜀。就在辽太祖结束西征回到皇都的当月（925 年 9 月），李存勖派儿子魏王李继岌和丞相郭崇韬率大军进川攻取西蜀。

后唐大军入川作战，自然是没有多余兵力支援渤海国，从而为契丹攻打渤海国创造了机会，辽太祖当然是不会让机会溜走的。

那么，如何才能统一臣僚们东征渤海国的思想呢？史籍记载着这样一个故事。

这一天辽太祖又召开臣僚会议，给臣僚们讲了一个射龙的故事。说他前日出外打猎，信马由缰往驻跸处走去时，突然发现自己的行帐上有一条丈余长的黄龙，龙头在东，张牙舞爪。辽太祖开弓射出两箭，将黄龙射落于帐前。讲完故事后，辽太祖对臣僚们说道："吾欲伐渤海国，众计未定而龙见（现）吾前，吾能杀之，是灭渤海之兆也。"

这则故事见于《契丹国志》，此书同时还记录着另外一个版本："阿保机居西楼毡帐中，晨起，见黑龙长十余丈，蜿蜒其上，引弓射之，即腾空夭矫而逝，坠于黄龙府之西，相去已千五百里，才长数尺。其后女真灭辽，尚藏其骸于内库，金酋悟室长子源尝见之。"

众所周知，龙是人们想象中的吉物，现实中并不存在。《契丹国志》所记录的这两则故事不过是给人们透露了这样的信息：辽太祖西征结束后便想立即东征渤海国，但诸臣僚及诸部酋长的思想很不统一，于是辽太祖采取"非

常手段"，统一了大家的思想。至于采取了什么样的"非常手段"，就不得而知了。不过，从史籍记载来看，这个"非常手段"当与射猎有关。有可能是辽太祖在射猎过程，获得了吉祥猎物，于是便利用契丹人信奉萨满教的心理，把这个射猎过程中非常正常的事情，与东征渤海国联系起来，从而统一了大家的东征思想。

从这件事中我们不难看出，辽太祖驭人之术已经到了炉火纯青的地步，编了一个"射龙"的故事，便统一了臣僚们东征思想。

为了确保东征渤海国的胜利，辽太祖除了举全国之精锐部队外，还征调了回鹘、党项、沙陀、乌古、敌烈、阻卜、室韦、奚等部落或部族兵马。同时还组织了一支汉军，以赵思温为团练使，一同出征。同时，辽太祖也没有忘了麻痹一下李存勖，在出征前派使团赴洛阳给李存勖送去若干礼品表示友好。

辽天赞四年（925年）十二月，即辽太祖结束西征回到皇都仅仅三个月，便率大军开始东征，皇后述律平、太子耶律倍、大元帅耶律德光皆随军而行。

契丹东征大军沿潢水（今西拉木伦河）、西辽河顺流东下，昼夜疾驰，以迅雷不及掩耳之势包围了渤海国扶余府（926年2月

14 日）。

扶余府（今辽宁开原，一说为吉林农安，本书采纳前者）是渤海国 15 府之一，也是渤海国距离契丹最近的城池，守城部队也算是渤海国的精锐部队。但是，由于长期生活在和平年代里，既无备战思想，也无战争意识，见契丹人马突然来到城下，顿时慌了手脚。

赵思温指挥汉军首先攻破城池打开城门，契丹人马随后如狼似虎般冲进城里，与渤海守军展开了巷战、肉搏战，最终占领扶余城（926 年 2 月 17 日）。

攻下扶余府之后，为了稳妥起见，辽太祖想以扶余府为基地，就地清查户口，征集赋税，等站稳脚跟后，再行用兵。太子耶律倍认为这样做会引起渤海民变，进而影响灭亡渤海国大计。建议一鼓作气，奇袭渤海国首都忽汗城，一举灭亡渤海国。

辽太祖觉得太子说的有道理，于是采纳此策。命耶律觌烈（耶律曷鲁之弟）和四弟寅底石率所部兵马驻守扶余府及附近要隘，命萧阿古只和耶律安端为先锋，率 1 万精兵先行，自己督大军跟进，直取渤海国首都上京忽汗城（今黑龙江省宁安市）。

渤海国王大諲譔在辽太祖担任契丹可汗的同一年（907 年）登上王位，但是他却没有像辽太祖那样图强国家，而是充分显示出了一个末代国王的本色，很快使国家败落下来。契丹大军攻打扶余府时，他正在渤海国首都上京忽汗城快快乐乐地过大年，接到契丹攻打扶余府信息后，也只是在上京忽汗城附近组织了 3 万人马，由老相率领前去援救扶余府，并没有加强忽汗城的防务，就又接着吃喝玩乐过大年了。

萧阿古只和耶律安端率领契丹精骑向忽汗城驰进，在半路上正遇上渤海老相所率领的 3 万渤海援军。两军大战一场，自然又是渤海兵溃败而去。随后，萧阿古只挥军东进，很快兵临忽汗城下（926年2月23日）。

大諲譔做梦也没有想到契丹人马会来得这么快，顿时吓得六神无主，在忽汗城被围的第三天，请求投降，第五天，身着素服，举着白幡，牵着白羊，率领着300多名官员开城投降（926年2月28日）。

辽太祖并没有为难大諲譔等君臣，受降之后，命大諲譔等王室成员仍住在城里，下令契丹人马不得入城扰民，只派13人进城清点府库，收缴兵器。

大諲譔举白旗投降了，可城内的宫卫亲兵们却不愿做契丹人的阶下囚。杀死进城清缴兵器的13名契丹兵将，关闭城门，自发地组织起来保卫忽汗城。

大諲譔见亲兵情绪激昂，自发地组织起来守城，也鼓起勇气，准备独孤一掷，想凭忽汗城坚厚的城墙与契丹对抗，以待援军。但是，忽汗城内兵力空虚，再拼命又能坚守几天？康默记率军首先攻破东门，杀进城内，忽汗城随之而破。

大諲譔龟缩在宫城里，听着越来越近的喊杀声，彻底地绝望了，在承天门上再次举起白旗投降。辽太祖充分显示出大国皇帝的风度，再次赦免了大諲譔君臣。

契丹兵围扶余城那天，是农历大年三十，而攻下上京忽汗城这一天，是农历正月十四。契丹大军只用了半个月的时间，就把立国229年，传15位国王的渤海国灭亡。

渤海国灭亡后，其北部的女真诸部首领纷纷来到忽汗城觐见辽太祖，表示归附契丹，东北地区全部纳入契丹版图，辽太祖完成了对草原和北疆的统一。

契丹疆域西至阿尔泰山以西，北至色楞格河流域，东北到达外兴安岭，东临鄂霍次克海东海、日本海，东南与朝鲜半岛相接，南接长城沿线。这个疆域的北方疆域线，正是后来清帝国的北方疆域线。

现在的中国版图，是在清帝国时期最后确定下来的。从这个意义上来说，现在中国北方疆域轮廓，是契丹帝国勾画出来的。毋庸置疑，契丹族对中华民族的这一贡献，将永远地记录在历史的档案里。

渤海国灭亡后，渤海人反抗契丹人统治的斗争始终没有停止过，并且还相继建立了"兀惹国"、"定安国"等政权。

4．半世东丹国

契丹人马攻破渤海上京忽汗城后，渤海国王大諲譔率领诸臣僚及家眷再次请罪于辽太祖马前。

辽太祖并没有因为大諲譔复叛而治罪于他，而是再次赦免了渤海君臣。为了防止复叛事件再度发生，没有让大諲譔等继续住在城内，而是派卫兵将大諲譔及家眷护送到城外囚禁起来。辽太祖则与妻子述律平携手登上巍峨的承天门城楼，望着鳞次栉比的城市建筑，不禁为渤海人的建筑成就惊叹。不过，此时辽太祖并没有太多的心思欣赏渤海人的文明成果，他想的更多的是，该如何来经营管理渤海国故地。

契丹统治者们在对被征服民族的管理上，已经有了一套成熟的管理模式——"因俗而治"。那么，这一管理模式是否也适用于渤海国故地呢？

渤海国立世200余年，一如唐制，社会、经济、政治、文化等诸方面都较契丹、奚、乌古、室韦等游牧民族发达，同时又不同于汉族，简单地套用"因俗而治"模式显然是不合时宜的，将其完全纳入契丹管理体制显然也是行不通的。那么，如何来经营管理这一地区呢？

可以肯定的是，契丹统治者们对此进行了充分的研究讨论，最终在"因俗而治"基础上，创造了一种新的管理模式——"一国两制"。

具体来说，在政权机构设置上，将渤海国改为东丹国，建元甘露，上京忽汗城改为天福城为东丹国都城，设置左右大次四相及百官，以太子耶律倍为东丹国王，阿保机三弟迭剌为左大相，原渤海国老相为右大相，原渤海国司徒大素贤为左次相，耶律羽之（曷鲁之弟）为右次相，其他职官也分别由契丹、渤海等人担任。在管理体制上，保留原渤海国固有的社会、经济、政治、文化管理体制，"一依渤海法"。

东丹国，与契丹有对称之意，即东部契丹国，因其地在契丹东面故以名。东丹国每年向契丹国交纳"细布五万匹，粗布十万匹，马一千匹"。除东丹国王及左右大次四相由契丹国皇帝任命而外，其他职官均由东丹国自行任命。东丹国具有相对独立的政治、经济、外交、人事等自主权。

从中不难看出，东丹国虽然冠以"国"名，实际上是契丹国内的一个特别行政区。既要接受契丹国的管辖，同时又具有相对独立的政治、经济、外交等自主权，因此我们称这种管理模式为"一国两制"。

从东丹国的命运来看，设立东丹国只是契丹统治者们的一个权宜之策，这可以从辽太祖对长子耶律倍所讲的一番话中窥视一二。

辽太祖册封长子耶律倍为东丹国王后，曾对其说："此地濒海，非可久居，留汝抚治，以见朕爱民之心。""非可久居"，即这里并非久居之地。由此可知，辽太祖设立东丹国管理渤海地区只是权宜之策，对此他心里并没有底。实践证明，辽太祖的担心并不是多余的。

客观地说，契丹只用半个月的时间便将立世200余年的渤海国灭亡，这是包括辽太祖在内的契丹统治者们所没有想到的。胜利来得太快，太过容易，以至于契丹统治者们一时应接不暇，从而采取了将渤海国改为东丹国、保留其原有管理体制的应急之策。目的是为了稳定刚刚征服的渤海民众，待时机成熟时再将其全部消化掉。正因此故，这种权宜之策的效果是相当有限的，东丹国的命运也注定不会长久。

契丹如此快地灭亡渤海国，契丹人没有想到，就连渤海人恐

怕也没有想到，甚或是一时都没有反应过来。不过，没反应过来，不等于没有反应。历史上曾有"三人渤海当一虎"之语，这样一个民族怎肯轻易任人宰割呢？就在辽太祖将渤海国改为东丹国的同时，渤海人也终于反应过来，各地纷纷起兵反抗契丹统治。

辽太祖在派兵平定各地叛乱的同时，果断地采取釜底抽薪之策，将渤海国王大諲譔等王族显贵及平叛中俘虏的渤海人全部迁移到契丹腹地，设置州县加以安置。这样一来，一方面打消了渤海人的复国梦想（因渤海国王大諲譔被迁到契丹腹地，没有了民族领袖）；一方面削弱了叛乱骨干力量（因叛乱人员被迁居别地，没有了叛乱组织者）。这一策略果然收到效果，各地叛乱很快便被平息。

不过，辽太祖心里非常清楚，渤海人叛乱表面上是被平息了，但仍然存有仇视契丹的心理和情绪。如同一座火山，随时都有可能再次爆发。因此他在离开东丹国时，对前来送行的长子耶律倍又说道："得汝治东土，吾复何忧。"

"吾复何忧"，恰恰说明辽太祖心里很担忧。不过，此时的辽太祖从平定渤海人叛乱中得到了启示，似乎已经找到消化渤海人的办法，那就是将渤海人迁徙到各地，化整为零，分别消化。为了实现这一目标，他在率军回返的同时，便下令迁徙渤海人于辽西、西楼皇都等地区安置。遗憾的是，辽太祖在回军途中突然病逝，迁徙消化渤海人的任务历史地落在辽太宗耶律德光的肩上。

辽太宗在继承皇位的同时，也继承了父皇的遗志，加大迁徙力度，将东丹国整体迁徙到辽阳地区。不过，辽太宗迁徙东丹国到辽阳的原因很复杂，这里面既有经营管理渤海人的考量，同时也出于更好地控制兄长东丹王耶律倍的考虑。

东丹国迁到辽阳后，政权机构逐渐削减，独立自主性日渐缩小，特别行政区意义逐渐丧失，实际上已经变成耶律倍家族封地。到了辽世宗（耶律倍之子）和辽景宗（辽世宗之子、耶律倍之孙）朝时，由于耶律倍子孙们掌权，东丹国实际上已经失去了存在的意义。因此，辽圣宗即位当年（982 年），便下诏将东丹国撤销。东丹国自设立（926 年）至撤销（982 年），共存世 57 年。

在此期间，只有耶律倍一任东丹国王，主政 5 年（926 年至930 年）；耶律倍浮海避居后唐（930 年 12 月），由东丹王妃萧氏主政 10 年（931—940 年）；萧氏病逝（940 年 7 月），由东丹国中台省官员主政 7 年（940—947 年）；辽世宗即位后为了表彰五叔祖安端帮助自己夺取皇位之功，册封其为明王主政东丹国 6 年（947—952 年）；安端病逝（952 年），由东丹国中台省官员主政至辽圣宗朝撤销（982 年）。

东丹国存世期间，曾以"渤海国"的名义与日本和中原政权交往，中原政权仍称东丹国为"渤海国"。从这个意义上来说，渤海国又以东丹国的名义存在了半个多世纪。

FU YU ZHI BIAN

太祖崩，后称制，摄军国事。及葬，欲以身殉，亲戚百官力谏，因断右腕纳于柩。

《辽史》

1. 魂归扶余

辽太祖在东丹国首都天福城（原渤海国首都上京忽汗城）外驻扎近3个多月，待各地叛乱基本平息，东丹王耶律倍根基趋于稳定后，押着渤海国王大諲譔及王族显贵开始西返（926年3月29日）。

辽太祖西返立即引起东丹国局势再次动荡，原来已经被平定的地区再次掀起反抗契丹统治浪潮。辽太祖只好一边派兵平叛，一边缓慢西行，于当年6月到达慎州（辽无慎州，此当为唐慎州，今辽宁省开原市附近），后唐使臣姚坤也恰好来到这里。

姚坤是受后唐新皇帝李嗣源派遣，出使契丹向辽太祖通报李存勖被杀、自己即位及欲结好契丹之意。

李存勖灭亡朱梁入主中原（923年10月），一改原来勤俭克己，励精图治的作风，开始享受起来，喜欢唱戏打猎，生活奢侈无度。皇帝一腐败，一些奸佞贪婪之人便有了用武之地，从而使后唐政权从建立伊始便呈现出末世景象。特别是刘皇后甚至把手伸向部队军饷，从而引起将兵们的不满。时任后唐丞相郭崇韬是一个正直之人，曾在私下里发誓说，待平定西蜀回来后，劝李存勖整治朝纲，惩处奸佞之人，一些奸佞之人心里非常害怕，便鼓动刘皇后假传旨意将郭崇韬杀死在西蜀。郭崇韬本是后唐灭亡朱梁和平定西蜀第一功臣，无罪被杀，立即引起将士们的极大愤慨，不断有士兵哗变事件发生，这其中就包括魏博士兵哗变。

李存勖知道魏博（今河北省大名县）的战略地位，在多次派兵征讨不果的情况下，派李嗣源前去平叛。不料李嗣源率兵刚到魏博，所率部队也发生了哗变，拥立李嗣源在河北称帝，与河南的李存勖对峙。李嗣源是李克用的义子，对李家忠心耿耿，坚辞不当皇帝，但这一消息还是很快传到洛阳。

李存勖一听李嗣源也反了，再也坐不住了，决定亲自率兵前

往魏博平叛，不料没走出去多远，身边士兵也发生了哗变，仓促间被乱箭射死（926年4月）。

李嗣源本意不想当皇帝，曾写信给李存勖说明情况，可写了多封信也不见回信，心里也开始不安起来。这时他的女婿石敬瑭给他出主意说，岳父您虽然没有反心，可身在乱军之中怎么能说得清楚呢？如今皇帝已经失去了民心，局势难测，岳父不如先据有汴梁，待局势明朗后再做决定。李嗣源跟随李克用、李存勖父子打了一辈子的仗，自然懂得乱世生存之道，于是就派石敬瑭率兵攻取了汴梁，可他刚进入汴梁城便得到李存勖被乱军射死的消息，于是率军进入洛阳，在诸大臣和将领们的拥立下，做了后唐第二位皇帝，追谥李存勖为庄宗，并派姚坤到契丹报丧，意欲结好契丹。

辽太祖对李存勖颇有好感，当年（908年）李克用病逝时曾遗三箭给儿子李存勖，其一便是灭亡契丹。李存勖继父王位后，并没有直接对契丹用兵，不仅如此，还对辽太祖夫妻两人以叔婶相称，时不时地还派人到契丹加以问候，双方保持着通信通使关系。如今李存勖突然被乱军所杀，辽太祖也不禁很是悲伤，痛哭流涕了一番。

其实，辽太祖从来都没有打消逐鹿中原的想法，即便是在率军西征和攻打渤海国的过程中，也始终留着一只眼睛注视着中原局势。李存勖入主中原后的所作所为及军事行动都在他的掌握之中，或许在他看来李存勖的所作所为早晚会出事，因此他才在渤海各地叛乱还没有完全平息的情况下便率军西返，其目的有可能就是回到西楼皇都秣马厉兵，一旦中原局势发生变化，随时出兵南下。也就是说，后唐变故早在他的预料之中，因此他哭完之后，向姚坤简单地询问一下李存勖被杀、李嗣源即位皇帝的经过后，便把话题一转，提出让后唐把黄河以北诸镇割给契丹，契丹以后就不再挥兵南下。

姚坤只是信使，自然不敢答应割地这类条件。

辽太祖见姚坤不答应，便以杀死他相要挟。姚坤也以死相拼，说就是杀了自己也不能答应这样的事情。辽太祖见姚坤死活不答应，只好将其先关了起来。

鉴于中原局势的变化，辽太祖没有让渤海国王大諲譔及王族显贵与自己一起西返，而是派兵将其先行护送回西楼皇都。为了让渤海民众彻底忘掉大諲譔，赐大諲譔名曰乌鲁古，王妃名曰阿里只（大諲譔被带到西楼皇都后，被禁居于皇都城西侧一个专门为其建筑的小城中，此后事迹不显于史籍，又生活多少年，生活情况如何，均不得而知）。

大諲譔等渤海王族西行后，辽太祖带着姚坤一起回返，不日（926年7月20日）来到扶余城（今辽宁省开原市）外。扎下营帐后，辽太祖再次与姚坤对话，并降低条件，要求后唐把镇（今河北省正定县）、定（今河北省定县）、幽（今北京市）几州割给契丹，并命人拿纸笔来，强行让姚坤写割地条约。姚坤仍然是死活不写，辽太祖不禁大发雷霆，又要杀掉姚坤。在众人的劝说下，才下令将其先关押起来，待回到西楼皇都后再做处置。

姚坤刚刚被带下去，又传来了东丹国左大相迭剌在天福城被刺身亡的消息，辽太祖一时急火攻心，再加上天气炎热，一下病倒在床榻上。

经过几天的治疗，辽太祖的病情仍不见好转，且越来越重。有人看见在辽太祖行帐上盘绕着一道烟状物，宛如黄龙，约有一里多长，光耀夺目，徐徐进入行帐，随后紫烟黑气蔽日，一天多才散去，接着有陨石落于帐前，辽太祖随之病逝（926年7月27日），终年55岁。

人生老病死本是自然规律，辽太祖自然也不例外。但是，《辽史》在记录辽太祖病死于扶余城外事件时，却写了如下一段话："周公诛管、蔡，人未有能非之者。剌葛、安端之乱，太祖既代其死而复用之，非人君之度乎？旧史称扶余之变，亦异矣夫！"

这里所说的"扶余之变"是指什么呢？这还要从这段话的内容及辽太祖病逝于扶余城外前后所发生的事情说起。

"周公诛管、蔡……"说的是周武王病逝后，周成王即位年幼，由周公旦（周武王之弟）辅政，其弟管叔和蔡叔不服，与商纣王之子武庚一起造反，周公旦平定叛乱后，诛武庚、管叔，流放蔡叔。

"剌葛、安端之乱……"说的是辽太祖即位可汗后，剌葛、安端诸弟连续三年造反，辽太祖平定叛乱后，让诸弟媳妇代夫而死，赦免了诸弟，并给予重用。

这两件事说的都是兄长（周公旦是管叔和蔡叔的兄长，辽太祖是诸弟的兄长）处理叛乱兄弟的事情，而结论却是"扶余之变"，说明"扶余之变"与诸弟有关系。

二弟剌葛在叛乱失败后，由媳妇代死留得一命，被关了一年半载便放了出来，但他不思悔改，心里仍然惦记着汗位。辽太祖开国称帝，册立长子耶律倍为皇太子，剌葛这才对汗权彻底死心，遂有南奔之心，并趁跟随辽太祖围攻幽州二百天之役，带一子逃进幽州城投奔了李存勖（917年），后来又投奔了朱梁，李存勖灭亡朱梁政权后，将剌葛父子抓住双双斩首（923年）。

三弟迭剌在叛乱失败后，与二哥剌葛一起被关放，心里也很不服，见二哥剌葛逃奔了李存勖就也想南奔，结果事情败露（918年），由四弟寅底石的媳妇代死留得一命，后因创制契丹小字有功得到重用（920年），参加了灭亡渤海国战争，被任命为东丹国左大相，位居四相之首，辅佐太子耶律倍治理东丹国，在辽太祖病逝的前几天被刺身亡。

四弟寅底石在叛乱失败后，只挨几顿板子便被赦免，并受到重用，参加了攻打渤海国的战争，契丹攻取扶余府后，寅底石受命率军镇守扶余府，辽太祖病逝时遗命其为守太师、政事令，前往东丹国接替被刺身亡的三哥迭剌辅佐耶律倍，结果在前往东丹国途中被述律平派人诛杀。

五弟安端在叛乱失败后，也只挨几顿板子便被赦免，从此与大嫂述律平走到一起，也较早得到重用，出任大内惕隐（918年），参加了攻打渤海国的战争，并因帮助述律平拥立耶律德光即位有功升任北院大王（929年），后因拥立辽世宗即位有功被册封为明王，主政东丹国，后因其子叛乱杀死辽世宗而被罢为庶民，后病逝于家中（952年）。

六弟苏（辽太祖同父异母弟）因没有参加诸弟叛乱，被册为佐命功臣，也最先得到重用，历任大内惕隐（920年）、南府宰相（921年），参加了攻打渤海国的战争，在护送辽太祖灵柩回西楼皇都途中身亡（926年9月）。

由此可知，辽太祖三弟迭剌、四弟寅底石、六弟苏均在辽太祖病逝前后身亡。"旧史称扶余之变，亦异矣夫！"有可能是说，旧史中曾记载诸弟之死与辽太祖有关系，而《辽史》撰者认为，辽太祖在平定诸弟叛乱时都没有诛杀诸弟，并且还给予重用，他怎么可能在病逝时杀死诸弟呢？进而认为旧史记载的"扶余之变"

是不对的，即诸弟并不是辽太祖杀死的。

不过，诸弟虽然不是辽太祖所杀，但诸弟在辽太祖病逝前后身亡，显然不是巧合，而是有故事的，这个故事与皇位继承有直接的关系。故此，"扶余之变"，亦非指诸弟被杀，而是指辽太祖突然病逝扶余城外，致使契丹国家皇位继承发生变化。

2. 开国三太子

辽太祖共有4子1女，皇后述律平生3子1女，宫人萧氏生1子。

女儿名叫质古，生卒年不详，应是辽太祖与述律平的第一个孩子，嫁给述律平兄长萧室鲁为妻，早亡。

宫人萧氏生1子，名叫牙里果，生卒年不详，辽太宗朝官至惕隐。

辽太祖与述律平所生3子分别是长子耶律倍、次子耶律德光、三子耶律李胡。在封建社会中，嫡庶有别，这三兄弟因是开国皇后述律平所生，因此称为开国三太子。

耶律倍，名倍，小字图欲，898年出生，聪敏好学，从小受汉文化影响，兴趣广泛，文武兼备。文采方面，通阴阳，知音律，精医药，会针灸，工于绘画，能用契丹、汉两种文字作诗写文章，推崇儒家思想，是契丹建国初期契丹上层社会中推崇和使用汉文化的代表人物，契丹建国后被册为皇太子（916年）。辽太祖建国后想选一个有大功德的人加以祭祀，为此召开专门会议，征求臣僚们的意见。耶律倍提出应先敬孔夫子，被辽太祖采纳，并由耶律倍主持在皇都城内修建孔子庙并负责时祭。武略方面，耶律倍精于骑射，或为先锋随辽太祖出征，或自己率军出征，屡立战功，并率军最终征服北方的乌古、敌烈诸部（919年）。辽太祖率军西征期间（924—925年），耶律倍留守皇都镇守皇都大本营。辽天赞四年（925 年）末，耶律倍以皇太子身份随契丹大军东征渤海国，契丹攻取渤海国扶余府后，辽太祖准备先经营扶余府，待站稳脚跟后再用兵，耶律倍则提出速战、长驱直入直捣渤海国首都上京忽汗城的计策，辽太祖采纳这一计策，最终只用半个月时间便灭亡渤海国。辽太祖将渤海国改为东丹国后，耶律倍被册为东丹国人皇王，主政东丹国事。

耶律德光，名德光，字德谨，小字尧骨，902 年出生，性格宽厚，老成持重，文武兼备。文采方面，熟悉契丹、汉两种语言文字，汉文化底蕴要较兄长耶律倍逊色一些，契丹文化特征较明显。武略方面，擅长骑射，自小跟随辽太祖南征北战，屡立战功。辽天赞元年（922 年）出任契丹国天下兵马大元帅，执掌契丹国兵马大权，率契丹兵马攻掠燕蓟地区，攻取平州（923 年）。辽天赞三年（924年）随辽太祖西征，身先士卒，冲锋陷阵，战功卓著，威震乌古、

敌烈、阻卜、突厥、回鹘、党项等诸部，威名和声望也超过了时为太子的兄长耶律倍，甚至连中原人都知道，契丹国家有两个太子，一个皇太子耶律倍，一个元帅太子耶律德光。辽天赞四年末（925年）随父皇母后东征渤海国，灭亡渤海国后，又授命率军平定渤海国各地叛乱。

耶律李胡，一名洪古，字奚隐，小字李胡，912年出生，因年龄太小，在辽太祖朝没有职任，跟随父皇母后参加了东征渤海国战争。

据说，辽太祖曾对这3个孩子有过实践考察。有一年冬天，天气寒冷，辽太祖让三兄弟去树林里拾柴，耶律德光不分干湿很快拾好一捆第一个回来，耶律倍专门拾捡干柴并捆扎整齐第二个回来，耶律李胡边拾边丢最后一个回来且两手空空。辽太祖的评语是：长子灵巧，次子能成事，三子不如两个哥哥。

这件事虽然郑重其事地记在《辽史·耶律李胡传》里，但不一定实有其事。因为耶律倍册封为太子时（916年），老三李胡只有4岁，无法与两位兄长比拟行为能力。因此"拾柴考察"一事显然是撰史者后来杜撰的故事，用以说明耶律李胡在三兄弟中最差。

"拾柴考察"一事虽然不可信，但这三兄弟生在帝王家，命运自然就与政治捆绑在一起。

3. 废长立次

辽太祖和述律平无疑都是契丹族杰出的政治家，两人虽为夫妻，却各有自己的政治见解，尤其是在对中原的政策上，两人的见解颇为不同。辽太祖崇尚汉文化，总想逐鹿中原，因此屡屡率兵攻掠燕云及河北地区；述律平虽然也崇尚汉文化，但思想比较保守一些，在她看来，游牧民族与农耕民族是有区别的，游牧民族天生就应该生活在草原上，没有必要冒险去中原获利，因此不赞同辽太祖屡屡出兵中原。契丹决策层由此也分为以辽太祖为代表的革新派和以述律平为代表的守旧派。

辽太祖与述律平夫妻两人政治见解不同，还表现在对孩子们的钟爱程度也有所不同。辽太祖钟爱汉文化底蕴较深厚的长子耶律倍，述律平则钟爱契丹文化特征比较明显的次子耶律德光，并溺爱三子耶律李胡（后者显然是母性所致）。

契丹建国时，耶律倍因是长子之故，又得到父皇的钟爱，因此被册封为开国皇太子。述律平虽然钟爱次子耶律德光，但国家初建，稳定是第一要务，因此就顺从了辽太祖的意见，没有为次子耶律德光争夺储君之位。但她并没有打消让次子耶律德光继承皇位的想法，而是暗中等待机会。几年后，她借析分迭剌部之机（922年），建议辽太祖任命次子耶律德光为契丹国天下兵马大元帅，将全国的兵马大权抓在手里。

这样一来，就造成了这样一种事实，耶律德光经常或随父皇或独自统兵出征，耶律倍或随父皇处理朝政或以皇太子身份监国。契丹族是尚武民族，视战功卓越的人为民族英雄。耶律倍很少统兵出征，自然也就少有建功立业的机会；耶律德光经常统军出征，建功立业的机会自然就要远远地多于兄长，在族人心目中的地位自然也就越来越高，被族人称为元帅太子。

看到次子耶律德光如此优秀，述律平在高兴之余，也在为其继承皇位继续努力着。契丹灭亡渤海国，改其为东丹国，由太子耶律倍为东丹国王，也不排除是述律平的主意，目的就是将耶律倍安置在东丹国，给次子耶律德光让出契丹国皇位。

辽太祖对妻子述律平的心思及用意自然是有所察觉或心知肚

明，也有意地进行压制。他在西征前的那番针对性极强的讲话及让太子耶律倍留守大本营，而让次子耶律德光随军西征的安排，用意显而易见，那就是自己一旦在西征中有什么不测，由太子耶律倍继承皇位。灭亡渤海国后，让太子耶律倍主政东丹国再次验证了他对太子的信任，这可以从他对太子耶律倍的一番话语中得到印证。

辽太祖在任命太子耶律倍为东丹国王时曾说，"此地濒海，非可久居，留汝抚治，以见朕爱民之心"；离开东丹国西返西楼皇都时又对耶律倍说道，"得汝治东土，吾复何忧"。这些话既显示出他的无奈，也透露着一丝欣慰。无奈的是渤海国距离契丹西楼皇都太远，不好管理，不是久居之地，欣慰的是有太子耶律倍管理东丹国，他可以放心地回皇都。由此不难看出，辽太祖对太子耶律倍的信任和信心。也就是说，如果辽太祖健在，太子耶律倍的契丹国皇位法定继承人地位就不会动摇。

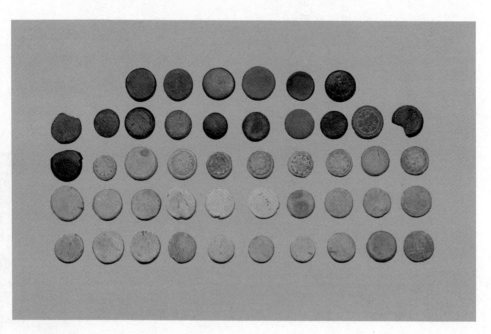

政治家们对政治都是极其敏感的，辽太祖在病倒后，或许已经感觉到自己来日不多，肯定是要对后事做出安排的。

从史籍记载来看，辽太祖从病倒（926年7月20日）至病逝（926年7月27日）隔有8天时间，时间虽然不长，但也足够安排后事。那么，辽太祖是否安排了后事？后事的内容是什么？当时又都有谁在身边？

辽太祖是政治家，是契丹国家的开国皇帝，临终时肯定是要安排后事的，而后事的中心内容无疑是皇位继承。虽然我们无法得知辽太祖安排谁来继承皇位，但有一点是可以肯定的，那就是耶律倍是辽太祖亲自册封的开国太子，且在太子之位已经整整10年，期间并没有犯什么错误，对于这样一位太子，辽太祖是绝不会废掉的。也就是说，如果辽太祖安排皇位继承人的话，这个人应该就是太子耶律倍。

辽太祖西返的同时，渤海各地正在发生着叛乱，一些军事将领及臣僚如耶律德光、韩延徽、康默记、安端（辽太祖五弟）、阿古只（述律平胞弟）等都在率军平叛，跟随辽太祖一起西返的人员并不是太多，而述律平、南府宰相耶律苏（辽太祖六弟）当在其中。到达扶余府城外后，时镇守扶余府的寅底石（辽太祖四弟）亦应到行帐觐见。也就是说，辽太祖临终时，述律平、寅底石、苏应在身边。

述律平本意是想让次子耶律德光继承皇位，她当然不愿意辽太祖安排太子耶律倍继承皇位的事外泄，而要实现这一目的，最好的办法就是封口。

史籍明确记载，寅底石是在授辽太祖遗诏前往东丹国辅佐东丹王耶律倍途中被述律平派人杀死的。"遗诏"，说明是辽太祖临终时的安排。但也并不排除另外一种可能性，即辽太祖病倒后，

便命寅底石到东丹国通知太子耶律倍来行在，而述律平派人将其杀死在途中。

不论是辽太祖临终时还是病倒后让寅底石去东丹国赴命都还有一个疑问，那就是述律平为什么要派人将寅底石杀死在途中。原因其实很简单，那就是她不想让寅底石与太子耶律倍见面，而不让叔侄两人见面的原因，就是与辽太祖遗嘱皇位继承人有关系。

进一步来说，辽太祖有可能病倒后即派四弟寅底石去通知太子耶律倍来行在以嘱托后事，或临终时指定太子耶律倍为皇位继承人，由四弟寅底石去主政东丹国，而述律平为了让次子耶律德光继承皇位，命人杀死了寅底石等诸弟（三弟迭剌在辽太祖病逝前遇刺身亡，六弟苏在护送辽太祖尸体西返西楼皇都途中身亡，虽然史籍中没有记载二人被述律平所杀，但并不排除是述律平所为的可能性），所以旧史中才有"扶余之变"一说，只不过是把诛杀诸弟的罪名加在了辽太祖的头上，对此《辽史》撰者提出了异议。

述律平虽然有废长立次的用心，但她心里非常清楚，太子耶律倍已经在储君之位整整 10 年，无错而有为，深得辽太祖信赖，身边簇拥着一帮人，贸然废长立次，拥护太子一派人肯定是不会同意的，而如何说服或制服这些人她还没有对策。同时，渤海各地叛乱尚未平息，征调攻打渤海国的各部族兵马正在回返途中，这些部族并非真心实意而是迫于辽太祖的威名而臣服契丹的，辽太祖病逝的消息一旦被外界得知，弄不好就会引起局势动荡，对契丹国家极为不利。因此，她一方面权摄国政，严密封锁辽太祖病逝的消息，继续以辽太祖的名义发号施令；一方面派人秘密通知次子耶律德光和太子耶律倍速来行在，命安端辅佐三子李胡主政东丹国，然后率领大队人马继续西行。

在西行途中，大元帅耶律德光和太子耶律倍先后赶到行在。本来，耶律德光所在的铁州比太子所在的天福城距离扶余府还要远许多，而他却比太子耶律倍早到 3 天，这显然是述律平有意为之。更为巧合的是，太子耶律倍到达行在后，辽太祖六弟耶律苏便身亡了，这显然与辽太祖遗嘱皇位继承人有关系。

　　总之，辽太祖病逝前后，述律平就开始运作废掉太子耶律倍而拥立次子耶律德光继承皇位。

　　关于述律平废长立次的原因，现在史学界有一种观点，认为是她不喜长子而钟爱次子之故，其实这种观点对述律平并不完全公允。客观地说，述律平钟爱次子耶律德光不假，但废长立次的举措，并非完全出于母亲偏子之故，而是契丹建国初期革新派与保守派斗争的结果，更主要的是与当时契丹国家所面临的形势有密切关系。

　　契丹决策层长期存在着以辽太祖为代表的革新派和以述律平为代表的保守派两种政治势力。革新派主张逐鹿中原，保守派主张经营草原。辽太祖在世时革新派占据统治地位，辽太祖病逝后保守派自然就占据了统治地位。也就是说，辽太祖病逝后，以述律平为代表的保守派处于强势，而革新派处于弱势。太子耶律倍推崇汉文化，是革新派阵营里的主要人物，自然是不会有好果子吃的。

　　辽太祖病逝时，述律平已经佐丈夫治理国家整整 20 年（从辽太祖 907 年担任契丹可汗算起），不仅在族人中树立起了崇高威信，而且是一名成熟的政治家，对当时的国家形势也有着清醒的认识。

　　契丹灭亡渤海国时，契丹国内已经聚居了大量的汉族人口，汉文化也已经渗透于契丹社会各个阶层，并逐渐得到契丹人的推崇，渤海国的并入使契丹国家封建化因素进一步增多，而太子耶

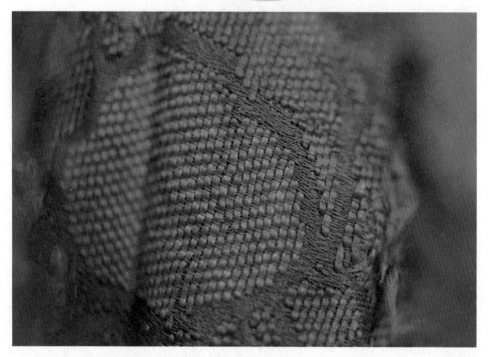

　　律倍又是汉文化的"狂热"推崇者，一旦继承皇位，有可能改变辽太祖制定的"以国制治契丹，以汉制待汉人"的基本国策，完全照搬中原或渤海国体制，从而导致契丹国家完全汉化。契丹国家以草原立国，游牧文化是契丹人的根，契丹国家完全汉化能不能行得通？契丹国家一旦完全汉化，这艘刚刚打造起来的"航母"能航行多远？对于这些现实而又极有可能发生的问题，述律平不可能不考虑，也不可能不担心。

　　相比较而言，耶律德光则比较稳重，他虽然也精通汉文化，但并没有到"狂热"的程度，能够很好地把汉文化与游牧文化结合起来，两者相得益彰，并行不悖，这样的皇帝才更适合契丹国家的国情。基于这些考虑，述律平才做出了废掉太子耶律倍而立次子耶律德光为皇帝的决定。

另外，也不排除后宫权争的因素。契丹政权与政治婚姻紧紧捆绑在一起，其主要特点是，可汗（皇帝）与汗后（皇后）同掌朝政，权力分配是可汗执掌汗权，汗后参与朝政（特殊时间段内可以摄政）、其家族男性担任北府宰相为百官之长。契丹建国之前，汗后之族主要是拔里氏和乙室已氏，契丹建国后，汗后之族变成了述律平家族，由此述律平家族与拔里氏、乙室已氏成为政治对手。

从史籍记载来看，太子耶律倍正妃即东丹王妃萧氏族属不详，没有生育子嗣，耶律倍还有一妻萧氏生育了耶律阮（即辽世宗）等兄弟，此萧氏族属虽然不详，但她的叔祖萧台哂是杀害辽太祖三伯父释鲁凶手之一，曾参与契丹上层权力争夺，说明其家族或为拔里氏或为乙室已氏（萧台哂因杀害释鲁之故，其家支被籍为奴隶，辽世宗即位后将这一家支即舅族升为国舅别帐），或正因为此故，萧氏虽然为耶律倍生下诸多子嗣，但并没有被册封为王妃。次子耶律德光之妃萧温（辽太宗即位后册封为皇后），是述律平兄长萧室鲁之女，即述律平娘家侄女。述律平废长立次，不排除是出于保住自己家族后宫之位的政治目的。

不管述律平出于何种考虑，要实现废长立次的目的却并非易事。契丹国家毕竟是仿效中原帝制建立起来的，且已经建国整整10年，皇位嫡长传承制已经被文武百官、诸部显贵及族人所接受，耶律倍也已经当了整整10年的预备皇帝，在文武百官、诸部显贵及族人心里，他就是契丹国家皇位法定继承人，要废掉这样一位没有什么明显错误的预备皇帝，显然不是一件轻而易举的事情。

4. 断腕诛百官

辽天显元年（926年）九月，辽太祖尸体运回到西楼皇都，被

权殡在皇都子城西北角，追谥为升天皇帝，庙号太祖。

随着辽太祖尸体运回皇都，其病逝的消息不胫而走，也随即引起不良反应，其中之一便是卢文进率众离开契丹投奔了后唐。

卢文进投奔契丹（917年）十年间，对契丹军事、社会、经济等都做出了巨大贡献。首先，卢文进率领契丹人马攻取山北八军，使契丹有了第一支且人数可观的汉军（以步兵为主），改变了契丹原来单一的骑兵兵种；其次，卢文进的汉军没有军需供给，靠自己生产来维系生存，汉军不适草原生活，从事农耕（粮食）、纺织（军服）、冶炼（武器）等生产，这些中原的生产技术逐渐向契丹内地延伸，从而带动和促进了契丹社会经济发展和社会进步，因此史籍有契丹真正强大起来始于卢文进之说。不过，卢文进并非真心实意投奔契丹，而是因杀死李存勖之弟李存矩受到追杀而投奔契丹的，因此当李存勖被杀，李嗣源即位后唐皇帝，没有人再追究他杀人的罪责，他便有了回归中原的想法，而当时两方面因素促使他把想法变成了现实。

一方面，李嗣源为了减小契丹对燕云的压力，派人招卢文进回归（契丹攻取平州后，卢文进率领汉军驻守平州，不断出兵袭扰幽州和河北地区）；另一方面，也是最主要的方面，那就是辽太祖病逝述律平掌权后，诸弟被杀，以太子耶律倍为代表的崇尚汉文化一派人受到打压，使卢文进感到了危机感，于是趁辽太祖病逝，契丹上层角逐皇权放松对汉军监视之机，率领部属10余万人投奔了后唐（926年10月）。

紧接着拥护太子耶律倍一派人站出来开始向述律平发难。述律平虽然没有明确表态废长而立次，但她权摄国政的举动，仍然引起太子耶律倍一派人的不满。

述律平摄政有她合理的一面，游牧民族生产生活的特殊性，

决定了母权政治的存在，通俗一点说，就是部落首领的祖母、母亲、妻子、姐妹等女性具有一定的权威性，在部落首领年幼或病弱或死亡的特殊时间段内，可以权摄军国大政，同时还具有选择部族新首领的特殊权力，这也是游牧政权的特殊产物。但是，这只是事物的一个方面，述律平摄政也有其不合理的一面，那就是辽太祖病逝时，太子耶律倍已经28岁，且在太子之位整整工作了10年，并不存在不能执政的问题。因此，随着在原渤海国地区平叛的诸大臣和将领们陆续回到皇都，契丹上层开始酝酿皇位继承事宜。其中拥护太子耶律倍继承皇位一派人更是公开站出来，要求述律平归权给太子耶律倍，这其中的代表人物便是耶律迭里。

迭里是孟父房皇族即辽太祖二伯父严木的孙子，时任南院夷离堇，在皇位继承问题上说话占有一定的地位。他见述律平权摄国政，有让次子耶律德光继承皇位之意，便站出来劝道：帝位应该由嫡长子继承，如今人皇王已经从东丹国回到皇都，应该由他来继承皇位。

很显然，迭里的话代表了太子一派人的意见，可以认为是太子一派人开始向述律平发难。但是，述律平辅助太祖治理国家20年（包括辽太祖担任契丹可汗的10年），早已是一个老道的政治人物，见太子一派人跳出来发难，知道不见点血是不行的，于是立即下令将迭里等人打入死牢问罪，几天后又处死，并将其家族籍为奴隶。

述律平这一手杀一儆百还是起到了一定的震慑作用，太子一派人不敢再明目张胆地要求拥立太子耶律倍为皇帝了。但树欲静而风不止，这些人仍然在暗中活动，述律平对此自然不会视而不见，而是毫不犹豫地向太子一派人举起了屠刀。

辽太祖陵墓经过一年营造完工，在这一年的时间里，述律平

以各种理由屠杀了一批想拥立太子耶律倍当皇帝的人，至于具体杀了多少人不得而知。不过，这样杀人，述律平似乎觉得还不过瘾，于是，就又借安葬太祖之机，进行了契丹历史上绝无仅有的"政治大清洗"，集中屠杀了一大批所谓的太子派人。

辽天显二年八月（927年）的一天，述律平安葬完太祖后，把文武百官、王公命妇集中在太祖墓道门口说道："你们思念先帝吗？如果思念就应该去陪伴先帝。"然后，一个一个的太子派人被带进了太祖坟墓。这其中，有可能就包括康默记和韩知古。

康默记作为汉军首领参加了灭亡渤海国的战争，在辽太祖率大军西返和病逝扶余城外期间，他与韩延徽率军正在攻打原渤海国长岭府，待攻下长岭府后才返回皇都，又受命主持营建太祖陵墓，祖陵营建完毕而卒。虽然史籍中没有康默记被述律平所杀的明确记载，但他在祖陵修建完毕而卒，着实有些蹊跷。康默记是进入契丹较早的汉臣之一，对辽太祖和耶律倍父子的汉化思想影响较早，既是辽太祖的主要谋臣、21位佐命功臣之一，同时也是契丹建国的重要参与者，自然也是契丹封建帝制的维护者，因主张太子耶律倍继承皇位，而得罪了述律平被杀掉的可能性非常大。

韩知古也作为汉军首领参加了灭亡渤海国的战争，因功迁升为中书令，辽天显年中卒，却没有在天显年间任职的记载，这不能不让人产生疑问。辽朝天显年号共使用12年（926年至937年），其中太祖朝半年（926年正月至七月），述律平摄政1年多（926年7月至927年11月），耶律德光朝使用10年。韩知古是太祖21位佐命功臣之一，如果在耶律德光朝仍然任职的话，《辽史·韩知古传》中不可能不记载。还有一件令人匪夷所思的事情，那就是韩知古家族是终辽一世辽廷最大的汉族世家大族，任相封王者有数十人之多，但在太宗、世宗、穆宗三朝近半个世纪的时间里，

其家族却没有官居显位者，在景宗耶律贤（太子耶律倍之孙）朝封王的韩知古第三子韩匡嗣，死后没有入祖坟的记载。这从一个侧面反映了韩知古有可能是死于非命，即被述律平所杀，其家族也受到了牵连。很显然，韩知古被杀的原因也与太子耶律倍继承皇位有关。韩知古作为述律平的陪嫁奴隶来到辽太祖家中（韩知古家族自此成为述律平的奴隶，一直到辽圣宗朝，因韩德让与萧燕燕的特殊关系，才免除了奴隶身份），对辽太祖及耶律倍的汉化思想影响最直接，也是最早的，同时他也是契丹建国的主要参与者，曾出任首任总知汉儿司事，总理契丹国内汉人事务，自然也是契丹封建帝制的忠实维护者，有可能因支持太子耶律倍继承皇位而惹火了主人述律平。述律平对自己的小叔子们（即诸弟）都毫不手软，自然就更不允许自己的奴隶违背自己的心愿，于是让韩知古（奴隶）为太祖（主人）殉葬（契丹族有殉葬习俗），由此没有单独埋葬（这可能也是韩知古家族在契丹没有祖坟的原因之一）。

在述律平杀戮的过程中，被杀的大臣们的妻子们不干了，叫嚷着找述律平评理，可述律平杀人的道理似乎更充分："我如今已经是寡妇了，你们不能不和我一样。"皇后成了寡妇，王妃命妇们也应该成为寡妇。很显然，这样的蛮不讲理并不是道理，只有屠刀才是硬道理。述律平于是又向王妃命妇们举起了屠刀，倒下的人中就包括开国宰相萧敌鲁的妻子、述律平的大嫂耶律氏。

耶律氏是萧敌鲁的第几个妻子不得而知，但她是萧敌鲁之子萧翰的母亲。本来萧敌鲁早就病逝（918年），耶律氏此时出来阻止述律平杀戮，或许是因为自己再嫁丈夫（契丹族有寡妇再嫁的习俗）也被杀掉，或许是看不惯述律平的滥杀行为，或许她也支持太子继承皇位而得罪了小姑子述律平。总之，她也成了这次政治斗争中的牺牲品（20年后，萧翰正是以母亲无罪被杀为由帮助辽世宗与姑母述律平争夺皇权的）。从中不难看出，述律平为了达到自己的政治目的，是何等的残酷。

杀了几位王妃命妇后，又轮到了大臣们，当杀到赵思温时遇到了阻力。述律平诛杀反对派时，针对不同的杀戮对象，总是能说出一个杀人的理由。比如她想杀某个人的时候，有时问道："你思念先帝吗？"其实这是一个无解的问题，如果回答说不思念，那就是对君不忠，该杀；如果回答说思念，那好，你就去陪伴先帝吧！也得死。有时又会说："替我去传话于先帝。"

杀赵思温的理由就是后一个，赵思温自然不愿意死，就不肯前往墓道。

赵思温原是后唐平州刺史，后被耶律德光俘虏归降契丹（923年），被提升为契丹汉军都团练使，率领汉军参加了灭亡渤海国的战争，并在攻打扶余府时率先攻破城池而身受重伤，辽太祖亲自为其调药疗伤，赵思温也更加忠心于太祖。因此，述律平才以赵思温与太祖最亲近作为杀他的理由。述律平说道："平时你侍奉先帝，与先帝最亲近，为什么不去见先帝呢？"赵思温虽然是一员武将，但却反应机敏，回答说："如果说与先帝亲近，谁也比不上皇后你呀！如果皇后去陪伴先帝，我也跟着去。"

赵思温的话把述律平说得哑口无言。但是，述律平太老道了，稍一迟延，便缓缓说道："我不是不想去陪伴先帝，只是孩子们还都小呀！军国大事离不开我呀！"说完，从身上取下腰刀，一刀将自己的右手（看来述律平是一个左撇子）剁下来说道："就用我这只手代我去地下伺候先帝吧！"

政治家的超人之处，就在于他们的临机决断，述律平用一只手表明了废长而立次的决心，同时也震慑住了所有大臣和王公命妇们。

述律平见众人都被震慑住了，也停止了杀戮，赵思温躲过了一劫，其他人也都躲过了一劫，她也由此落了个断腕太后的美称。

在述律平诛杀大臣的过程中，有一个人的命运很值得玩味，那就是韩延徽。韩延徽与康默记、韩知古三人都是契丹建国初期的重要人物，是辽太祖的佐命功臣，是契丹仿效中原帝制建立国家的重要谋划者。康默记、韩知古两人被杀，而韩延徽却安然无恙，这是为什么呢？其实原因并不复杂，一是韩延徽本人并不赞成阿保机出兵南下，这一思想正与述律平的思想不谋而合，两人可谓是志同道合。二是韩延徽很会为政之术和为人之道，他曾经不辞而别离开契丹投奔太原，又不辞而别离开太原回到契丹，而无论是阿保机还是李存勖都对他有好感，说明他不仅为政有术，而且为人有道。

在封建社会中，从皇帝是一国之领导人的角度来说，皇帝人选是国事，大臣们应该为国选一位有作为的皇帝，这也是大臣们职责所在。但是从皇权世袭的角度上来说，皇权传承又是皇帝的家务事，特别是在皇帝候选人能力相差无几的情况下，大臣们是不应该过于干预的，否则就会惹火烧身，这其中最典型的例子就是武则天封后。

长孙无忌和徐懋功均是唐王朝开国功臣，又同为凌烟阁24功臣成员，前者还居24功臣之首。在唐高宗册封武则天为皇后的事情上，长孙无忌坚决反对，结果被贬自杀；徐懋功一句"皇帝家务事"，不仅博得李治、武则天夫妻的信任，而且化解了唐廷一次后宫内乱危机，为时人和后人所称道。

韩延徽是拥立太子耶律倍还是拥立次子耶律德光继承皇位，史籍没有记载。从他在辽太宗朝任政事令、南京（今北京）三司使，封鲁国公（汉臣在辽廷封公爵第一人），在辽世宗朝任南府宰相（汉臣在辽廷任此职第一人）来看，他在这件事的处理上有可能效仿了当年徐懋功之策，从而博得了争夺皇权双方当事人即耶律德光和耶律倍（辽世宗之父）的信任，仕途一路春风。

当然，这里所说的"术"，并非权术，而是指学识才干和方法策略。即从政要有真才实学，具备履职的才干，既要能干事，更要为国为民为君干正事实事好事，同时也要讲究方法策略，此所谓"伴君如伴虎"。这里所说的"道"，也并非邪道，而是正道。即人品好，德为先，诚为本。韩延徽做到了这些，不仅成为契丹开国勋臣，而且是终辽一世四朝元老且留有盛名的第一人。

5. 两马并辔牵其一

述律平经过一年多的政治大清洗，太子一派人基本上荡然无存，应该说是为次子耶律德光即位扫清了障碍。但是，老道的述律平并没有立即把次子耶律德光扶上皇位，而是又做了一些舆论导向工作。

一时间在契丹传开了这样一个故事：说是述律平曾梦见一位神人头戴金冠，身着素服，手执兵杖，身后跟着十二只异兽，其中有一只黑兔跃入述律平的怀中，因而怀上了耶律德光（由此可知耶律德光是属兔的）。等到降生时，有黑云覆帐，火光照室，有声如雷。这天打猎的人猎取了白鹰和白鹿（契丹人以猎取白鹰和白鹿等白色猎物为吉祥）。

其实，女人怀孕生孩子，这个中奥秘，只有女人自己知道。述律平之所以抛出这样一个故事来，与契丹人信奉萨满教有关系。

萨满教是我国古代北方少数民族中盛行的一种原始宗教，其基本教义是相信鬼神的存在，认为世间万物都是天与地赐予的，一切活动都是天意使然。很显然，这种宗教是人们对自然界认识能力低下的产物。因此，也往往被统治者们所利用，用以神化自己，为攫取领导权和维护统治地位造势，契丹辽王朝的统治者们自然也不例外，其中又以辽太祖及妻子述律平为个中高手。

《辽史》中明确记载了辽太祖和妻子述律平几个神话故事。一是神化出生。说辽太祖的母亲曾梦日堕怀中，然后有孕，待阿保机出生时，帐内有神光异香，体如三岁儿，落地就会爬行，三个月就会走路，百天就会说话，身边有神人翼卫，能够预测未来的事情。二是"青牛妪曾避路"。说述律平曾到潢河与土河交汇处出游，有一女子驾青牛车（暗指契丹"白马青牛"族源传说中驾青牛车的

女子，即契丹人"女祖"）路过这里，见到述律平后马上就避开了。

三是"龙锡金佩"。说辽太祖有一个叫铎骨札的从兄帐前有蛇鸣叫，辽太祖命懂蛇语的萨满去解蛇语，萨满说蛇说旁边的树中有金，派人取之果得金，辽太祖遂用这块金制作成一条腰带，取名为"龙（蛇）锡（赐）金佩"，佩戴在身上。

以上这些记载并非史家们的杜撰或粉饰，应是辽太祖夫妻为了神化自己而编的故事，目的是宣传夫妻两人是"神"，从而为攫取汗权造势。不仅如此，辽太祖在攫取汗权后，更是给自己上尊号曰天皇帝，给妻子述律平上尊号曰地皇后，而天与地是契丹人对自然界的最高崇拜，夫妻两人一个占"天"，一个占"地"，从而把自己装扮成契丹人对自然界的最高崇拜神——天神与地神。

述律平在日常生活中也以天女自居，平时坐在榻上，接受母亲、婆婆等长辈们的觐见，还郑重其事地解释说，自己只拜天，不拜人。这些记载可能有夸大或不实之处，但从中也不难看出，述律平为了统治族人，有意将自己打扮成天女、神人。

"神人与十二异兽"故事也是一样，无非是说耶律德光是神人下凡，是真命天子。而这样的故事从以天女自居的述律平口中传出，谁能不相信，谁又敢不相信呢？

这样的舆论宣传搞了三个月有余，述律平将文武百官、诸部酋长召集到帐前，命太子耶律倍和次子耶律德光骑在马上并马而立，对众人说道："这两个儿子都是我与太祖亲生，我也不知道应该立谁为皇帝，你们大家替我选一个，想立谁为皇帝就抓住谁的马缰绳。"

事情的发展与述律平设想的完全一样，众人心知肚明地都趋向耶律德光的马前，就连太子耶律倍也赶紧下马，上前抓住二弟马的辔缰。

就这样，耶律德光在母亲的铁腕安排下继承皇位，是为辽太宗（927年11月），时年25岁。

　　述律平终于如愿以偿，让次子坐上了龙椅。但由于她不按游戏规则出牌，擅立皇帝，不仅导致了契丹辽王朝数十年间的皇室内乱，而且也为自己的悲剧人生埋下了伏笔。

后　记

　　生于辽上京故地，注定与契丹人有缘。每当看到契丹人留下的迹印，想起契丹人的故事，心里就会产生一种冲动，久而久之便有了一个心愿，应该为契丹人写点什么。

　　几年伏案下来，相继撰写出版了《契丹大帝耶律阿保机》《大漠罡风》《契丹大辽九帝》《走进千年辽上京》《辽上京契丹记忆》等作品。但每每想起契丹人对中华国家、中华民族、中华文化乃至世界文明所做出的历史性贡献，心里仍难以释怀，于是又撰写了《揭秘契丹辽王朝》系列丛书。

　　诚然，契丹人历史厚重，一部或几部书稿是难以全面记述契丹人历史的。但作为辽上京故地的人，有责任发掘和宣传契丹辽文化，让更多的人了解契丹人的故事和契丹辽王朝历史。这里毕竟是契丹辽王朝耶律氏皇族祖源地、发祥地，是契丹辽王朝200余年故都，是契丹辽文化发源地，是契丹人遗迹最密集、最丰富的地区。千年前的辽上京值得辽上京故地人自豪和骄傲，由此这里的人是不应该忘记契丹人历史的。

刘浩然大学毕业后，考入黑龙江省齐齐哈尔市文化广电新闻出版局工作，受家庭及职业影响，参与了《走进千年辽上京》及本书稿的写作。

本书在收集资料过程中，得到赤峰市各旗县区档案、文博部门的支持和帮助；内蒙古人民出版社多年来对作者作品的关注和出版方面的大力支持，给了作者坚持写作契丹辽史读物的信心和动力，在此谨致最诚挚的谢意。

在本书付梓之际，余兴作一首《契丹歌》与读者共飨。

潢水涟漪青牛欢，土河波涌白马翩；

两河知意龙庭会，木叶情动诞契丹。

追宗溯祖乃黄炎，鲜卑仙洞重涅槃；

奇首八子分八部，棋布松漠尤辽源。

隋唐相继兴中原，大贺汗府潢水边；

营州兵变八部衰，遥辇图强又百年。

群雄五代逐中原，耶律勃兴木叶山；

开国临潢都西楼，奠定辽基二百年。

挥戈北疆扫阴山，驰马西鄙戈壁滩；

海东盛国成旧事，马踏汗城建东丹。

立马草原统北疆，仿效中原书华章；

开皇殿内宴群胡，诸酋拱围天皇王。

西楼断腕择新王，汴京皇位更迭忙；

石郎许下燕云地，太行山上收儿皇。

改号大辽国势强，长城内外称辽王；

设置三京仿汉章，蕃汉兼治契丹昌。

皇孙负心自称王，扬鞭走马进汴梁；

入主晋宫百官贺，改晋为辽创辉煌。

蕃法施汉政难长，北返途中更新皇；

改革旧弊施新政，诸酋异心易睡王。

赵宋代周主中原，契丹英后掌航船；

社会改革图自强，盛世大辽享百年。

兄弟一家不计嫌，两军阵前传和言；

澶渊城下订盟约，南北共享太平年。

因俗而治官北南，并行蕃语和汉言；

唐令蕃法相兼行，胡人汉儿共家园。

五京如珠镶北疆，春水秋山四时忙；

鸭河垂钓头鱼宴，赤山纵马猎虎王。

百花盛开春草原，牛羊游弋绿草间；

驼车逐水移旧帐，胡笳伴酒合家欢。

穹庐相间版筑房，宜农宜牧天久长；

汉儿农耕胡游牧，五谷丰登肥牛羊。

学唐比宋诗百篇，南来北往报平安；

符节尘落庐帐暖，兄吟弟和把酒欢。

崇儒笃释全民虔，孔庙佛寺五京全；

一日祝发僧三千，一岁饭僧卅六万。

驼铃声碎伴胡杨，欧亚商贾丝路忙；

鸡壶菊酒马鞍醉，万国来朝拜辽皇。

十世契丹兴北疆，华夏同心谱华章；

九帝一脉享国祚，国泰民安百年昌。

树生虫病叶自黄，国滋奢腐运难长；

一朝女真东起兵，百年盛国顷刻亡。

东迁西走心彷徨，西域立国再图强；

相传五帝国百年，契丹复兴威名扬。

月满盈亏律自然，固堤防溃亦非难；

古来兴亡多少事，非是天道人使然。

契丹一去不复还，辽都日久风残垣；

辽塔随风叙旧事，辽河放歌谱新篇。

回首往事越千年，尔辈无需叹契丹；

人去迹留风犹在，其气就存你我间。

作　者

2016 年 5 月 30 日于辽上京遗址

主要参考资料

1. 脱脱等著：《辽史》；

2. 叶隆礼著：《契丹国志》；

3. 司马光著：《资治通鉴》；

4. 毕沅著：《续资治通鉴》；

5. 薛居正等著：《旧五代史》；

6. 欧阳修著：《新五代史》；

7. 马大正主编：《中国边疆经略史》；

8. 瞿林东主编：《辽史、金史、元史研究》；

9. 李锡厚著：《中国历史·辽史》；

10. 李桂芝著：《辽金简史》；

11. 赵云田主编：《北疆通史》；

12. 谭其骧主编，张修桂、赖青寿编著：《辽史地理志汇释》；

13. 谭其骧主编：《简明中国历史地图集》；

14. 王善军著：《世家大族与辽代社会》；

15. 沈起炜著：《五代史话》；

16. 黄斌著：《大辽国史话》；

17. 孟凡云、陶玉坤著：《辽代后妃参政现象考略》；

18. 何天明著：《辽代政权机构史稿》；

19. 李锡厚著：《临潢集》；

20. 林幹著：《东胡史》；

21. 林幹著：《中国古代北方民族通论》；

22. 漆侠主编：《辽宋西夏金代通史》；

23. 齐作声编著：《辽代墓志疏证》；

24. 刘浦江著：《松漠之间》；

25. 张晶著：《辽金元诗歌史论》；

26. 李强著：《辽太祖阿保机的耶律家族》；

27. 王玉亭主编：《辽上京研究论文选》；

28. 《首届辽上京契丹·辽文化学术研讨会论文集》（2008.10 林东）；

29. 《中韩第三届"宋辽夏金元史"国际学术研讨会论文集》（2009. 8 林东）；

30. 《契丹学国际学术研究会会议论文集》（2012. 8 赤峰）；

31. 景爱主编：《地域性辽金史研究》（第一辑）；

32. 李品清主编：《阜新辽金史研究》（第五辑）；

33. 余蔚著：《中国行政区划通史》（辽金卷）；

34. 张久和编著：《辽夏金元史徵·辽朝卷》；

35. 杨军著：《契丹开国皇后》；

36. 李义、胡廷荣编著：《宋人使辽诗与行记校注考》；

37. 冯永谦、孙文政主编：《辽金史论集》（第十一辑）；

38. 顾宏义著：《辽宫英后》。